熊野古道伊勢路を歩く

―熊野参詣道伊勢路巡礼―

～聖地を結ぶ巡礼路～

古代より祈りの聖地であった伊勢神宮と熊野三山。熊野参詣道伊勢路はこの二つの聖地を結ぶ巡礼路です。全長約200km。その果てしない旅路を千年の昔から人々は旅してきました。今も、伊勢から熊野へ歩いて旅することが出来ます。約２週間に及ぶその長い旅は、まさに現代の巡礼旅です。

祈りの道

伊勢と熊野を結ぶ道は祈りの道。平安時代の昔から、伊勢から熊野へ向かう巡礼路として都の人々にも知られていました。江戸時代には伊勢神宮への参拝を終えた旅人がさらに熊野へ向かいました。巡礼路の途中には、寺院や神社、巨大な巌《いわお》や瀑布など、人々が祈りを捧げる巡礼地がありました。旅人はそこで手を合わせ、さらに旅を続けたのです。

旅の出発点、伊勢神宮

旅は伊勢神宮の内宮鳥居前から始まります。一年をとおしてにぎわう内宮に参拝し、続いて外宮へ。観光客の多い伊勢の町中を抜け宮川をわたると、広々とした水田が広がります。この伊勢平野から歩き旅は紀伊山地を目指します。

豊かな自然

年間降水量が約4,000㎜の紀伊山地は豊かな自然に恵まれています。大台ヶ原に源を発する日本を代表する清流の宮川、長島神社や飛鳥神社に聳《そび》える巨大な木々、峠や砂浜から見渡す大海原、そして熊野三千六百峰と呼ばれる遙かかなたまで重なり合う山々。厳しくも暖かい自然に包まれた紀伊山地を、熊野参詣道は旅していきます。

暮らす人々

紀伊山地の人々は自然に寄り添い、暮らしを営んできました。農業、林業、漁業。豊かな自然が豊かな暮らしを支えてきました。今、熊野参詣道を守るのは地元の人々。峠道のガイドをつとめ、清掃活動をボランティアでおこなうのもすべて地元の人々。宿で、食堂で、土産物店で、さまざまな場所で旅人を優しく迎えてくれます。

食材の宝庫

熊野参詣道伊勢路は、伊勢平野から、奥伊勢の山間部、熊野灘沿岸と移り変わる自然のなかを旅します。それはさまざまな「食」に出会う旅でもあります。伊勢平野で採れる米からは銘酒が醸され、奥伊勢では地元の特産伊勢茶も味わえます。酪農が盛んな山間部では牛乳やアイスクリーム、熊野灘沿岸に出れば新鮮な海の幸を堪能。紀伊山地の山間部では猪肉や雉肉といった野趣あふれる味にであえるでしょう。移りゆく景色と共に、移りゆく味わいも旅の楽しみです。

旅の目的地、熊野三山

熊野本宮大社、熊野速玉大社、熊野那智大社。この三つの神社をあわせて熊野三山と呼んでいます。平安時代以来、多くの巡礼者がこの熊野三山をめざしました。人々はこの場所でそれまでの人生を見つめ直し、新たな自分への生まれ変わりを願ったのです。熊野参詣道伊勢路の旅の目的地は熊野三山。聖地を目指す旅路です。

目次

熊野参詣道 伊勢路全体図

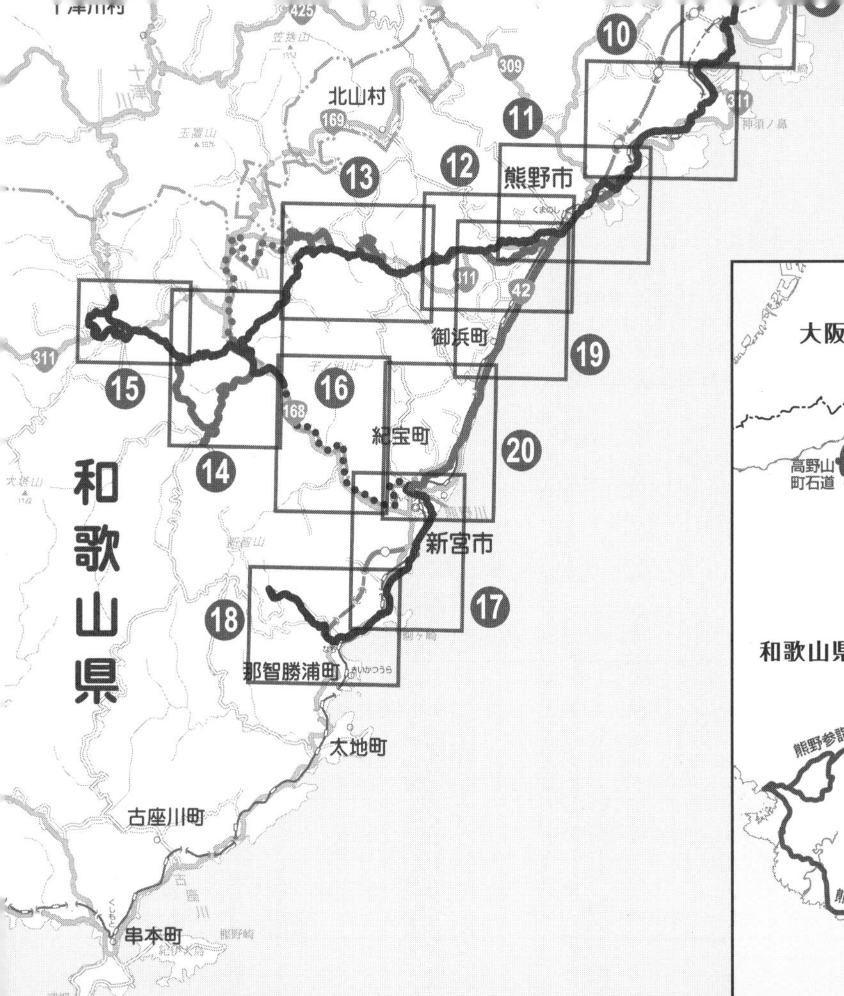

北山村
熊野市
御浜町
紀宝町
新宮市
那智勝浦町
太地町
古座川町
串本町
和歌山県
10
11
12
13
14
15
16
17
18
19
20

熊野参詣道

大阪府
奈良県
三重県
和歌山県
伊勢神宮
金峯山寺
大峯山寺
金剛峯寺
高野山町石道
大峯奥駈道
熊野参詣道（小辺路）
熊野参詣道（中辺路）
熊野参詣道（大辺路）
熊野参詣道（伊勢路）
熊野本宮大社
熊野速玉大社
熊野那智大社
熊野川
1：1,350,000
0 10 20km

本書の見方

・本書は伊勢から熊野までの全行程を６區に分けて編集しました。各區の最初に区間地図、その後に道沿いの名所・見所等を紹介しています。

・６～７頁の全体図に示す番号は地図頁左下の番号です。

・世界遺産登録区間、施設等は🌏で示しています。

・歩き旅のサブルートは、網で示しています。

・地図頁下部の距離、時間は休憩時間を含まず、平地では１時間約 3.5㎞、山道は踏査に基づき示しています。体力に併せ、目安の時間としてください。

・データは 2014 年８月現在のものです。その後、料金等が変更されている場合もありますので、ご利用の際はお確かめください。

庚申信仰《こうしん》

庚申信仰とは道教から発生した信仰だという。60日に1回巡って来る庚申の日に、人間の身に住む2寸ほどの虫(三戸《さんし》)が天帝のもとに帰り、その人の行いを報告することを防ぐため、村中の者が集い夜を徹して語り明かした、というものである。この祭礼は村中の人々の意思疎通をはかるのに役立ったという。熊野参詣道沿道では多くの庚申碑や庚申堂を見かけるが、それらが建てられるのは江戸時代に入ってからのことである。

は地方発送も可。また名物はマンボウで、串焼きや唐揚げを屋台で販売しているほか、食堂も併設されている。

住 北牟婁郡紀北町紀伊長島区東長島2410-73
☎0597-47-5444

42地蔵院庚申碑（紀北町指定文化財）

龍王山地蔵院の境内にある庚申碑である。三面六肘(顔が3つ、腕が6本)の青面金剛童子《しょうめんこんごう》が足元の邪鬼を踏みつけている。6本の手にはそれぞれ、法輪・弓・心に住む虫など、地域に忍び込む悪を退散させるための道具をたずさ

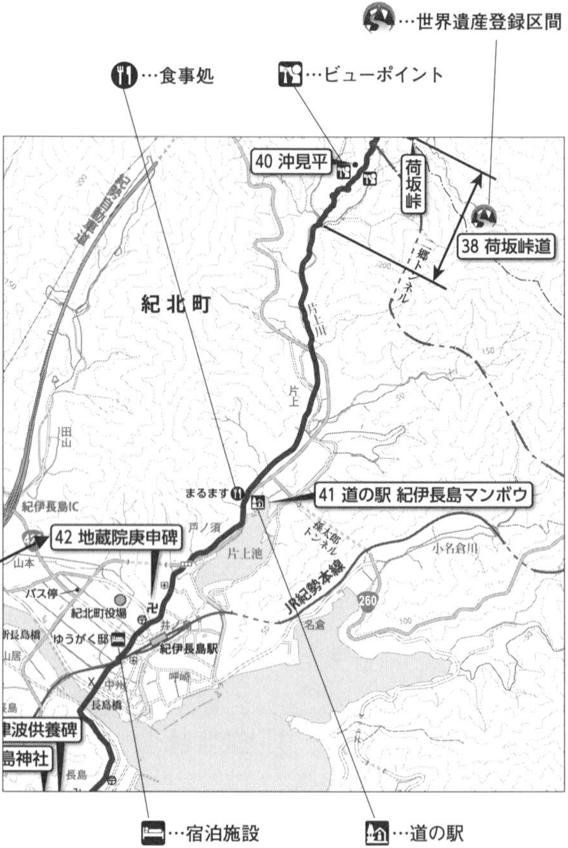

この地図の作成に当たっては、国土地理院長の承認を得て、同院発行の20万分1 地勢図、数値地図（国土基本情報）電子国土基本図（地図情報）及び数値地図（国土基本情報）電子国土基本図（地名情報）を使用した。
（承認番号　平27情使、第99号）

壱區

内宮《ないくう》から田丸をへて
瀧原宮《たきはらのみや》へ

伊勢から熊野へ歩き旅のスタート地点は伊勢神宮の内宮。江戸時代、お伊勢参りをすませた人々は、今度は南へ進路をとり、熊野へ向かった。外宮《げくう》を過ぎ宮川を渡って田丸へ。田丸で南へ折れ、初めての峠道となる女鬼峠《めぎとうげ》をこえ、三瀬谷《みせだに》で再び宮川を渡ると、伊勢神宮の別宮、瀧原宮はもうすぐ。伊勢から奥伊勢へ向かう。

伊勢神宮　内宮鳥居前

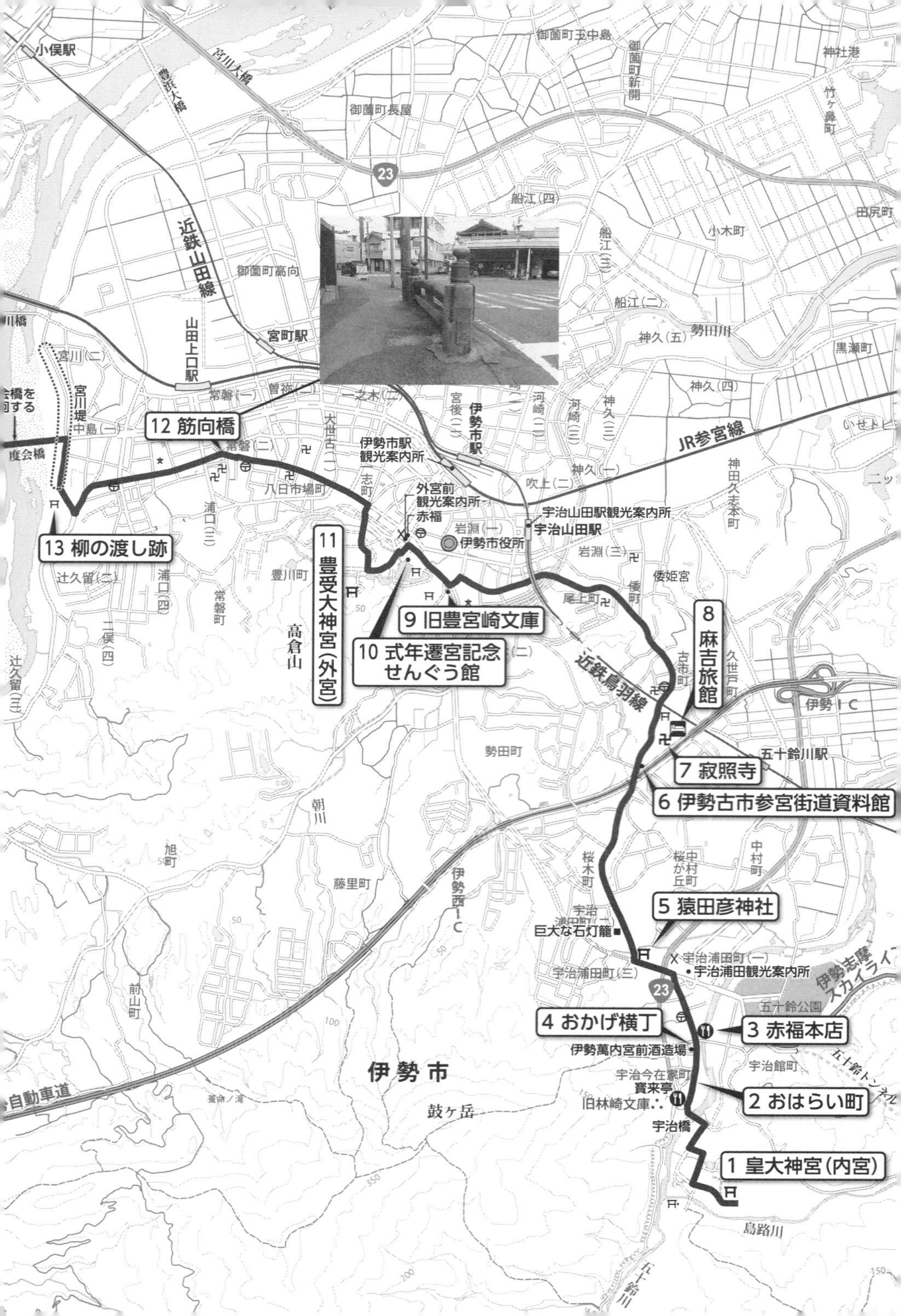
1 皇大神宮(内宮)
2 おはらい町
3 赤福本店
4 おかげ横丁
5 猿田彦神社
6 伊勢古市参宮街道資料館
7 寂照寺
8 麻吉旅館
9 旧豊宮崎文庫
10 式年遷宮記念せんぐう館
11 豊受大神宮(外宮)
12 筋向橋
13 柳の渡し跡
伊勢市
小俣駅
宮川大橋
豊浜大橋
近鉄山田線
山田上口駅
宮町駅
伊勢市駅
伊勢市駅観光案内所
外宮前観光案内所
赤福
伊勢市役所
宇治山田駅
宇治山田駅観光案内所
JR参宮線
近鉄鳥羽線
五十鈴川駅
伊勢IC
伊勢西IC
伊勢志摩スカイライン
五十鈴公園
五十鈴トンネル
宇治浦田観光案内所
巨大な石灯籠
伊勢萬内宮前酒造場
宇治今在家町
賓来亭
旧林崎文庫
宇治橋
宇治館町
島路川
五十鈴川
勢田川
高倉山
鼓ヶ岳
宮川堤
度会橋
自動車道
御薗町玉中島
御薗町新開
御薗町長屋
御薗町高向
神社港
竹ヶ鼻町
田尻町
小木町
船江(四)
船江(二)
神久(五)
神久(四)
黒瀬町
常磐(一)
常磐(二)
曽祢(二)
一之木(二)
大世古(一)
宮後(二)
河崎(二)
神久(三)
神久(一)
吹上(二)
八日市場町
一志町
岩渕(一)
岩渕(三)
尾上町
倭町
倭姫宮
古市町
久世戸町
神田久志本町
浦口(三)
浦口(四)
豊川町
常磐町
辻久留(二)
辻久留(三)
二俣(四)
勢田町
朝川
旭町
藤里町
前山町
桜木町
中村町
桜が丘町
宇治浦田町(一)
宇治浦田町(三)
宮川(二)
中島(一)
23

小俣町新村
小俣町相合
小俣町湯田
井倉
小俣町本町
宮川駅
岡村
久保
中楽
外城田川
JR参宮線
小俣町宮前
上地町
妙法寺
14 田丸城下の道標
玉城町役場
佐田
上地町
田丸駅
あづまや
(休憩所)
栄亨旅館
富岡
JR参宮線
趣のある
古い家が
並ぶ
栄亨旅館
橋のあと
中須町
粟野町
汁谷川
小社曽根
昼田
山岡
大倉町
玉城町
宮古
中角
岩出
佐八町
宮川橋
汁谷池
大谷池
笹原池
落合池
岩坂東
トンネル
1:35,000
0
500
1000m
津村町

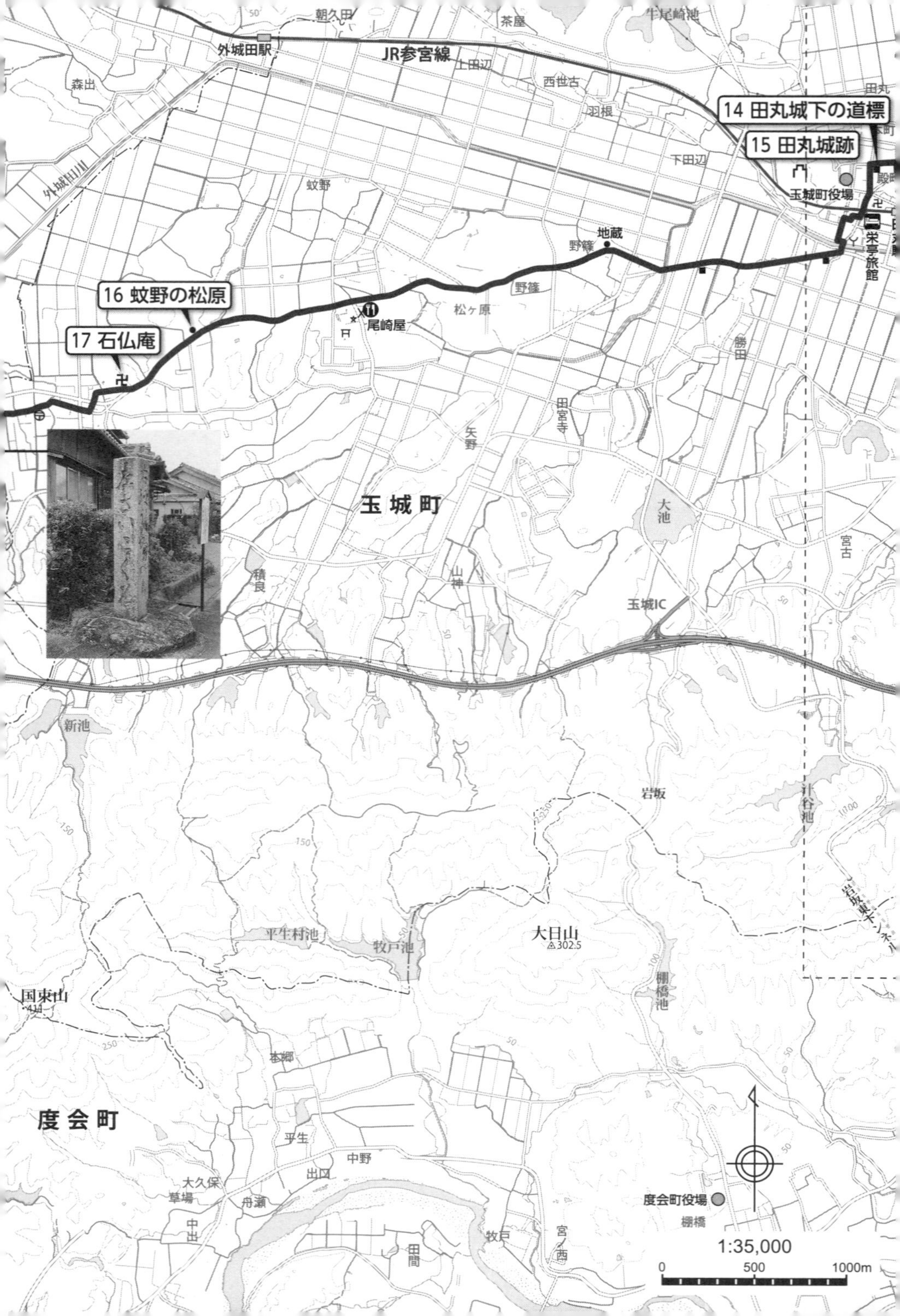

14 田丸城下の道標
15 田丸城跡
16 蚊野の松原
17 石仏庵
JR参宮線
外城田駅
朝久田
茶屋
牛尾崎池
上田辺
西世古
羽根
下田辺
森出
外城田川
蚊野
玉城町役場
殿町
栄亭旅館
地蔵
野篠
松ヶ原
尾崎屋
勝田
田宮寺
矢野
玉城町
大池
宮古
積良
山神
玉城IC
新池
岩坂
汁谷池
岩坂東トンネル
大日山
302.5
平生村池
牧戸池
棚橋池
国束山
411
本郷
度会町
平生
中野
出口
大久保
草場
舟瀬
中出
牧戸
宮ノ西
田間
度会町役場
棚橋
1:35,000
0
500
1000m

2 田丸城下の道標 ─ 4.7km 100分 ─ 石仏庵 ─ 1.5km 40分 ─ 野中の道標 ─ 2km 60分 ─ 女鬼峠 (120M) ─ 3km 70分 ─ 千福寺 ─ 2km 30分 ─ 柳原橋

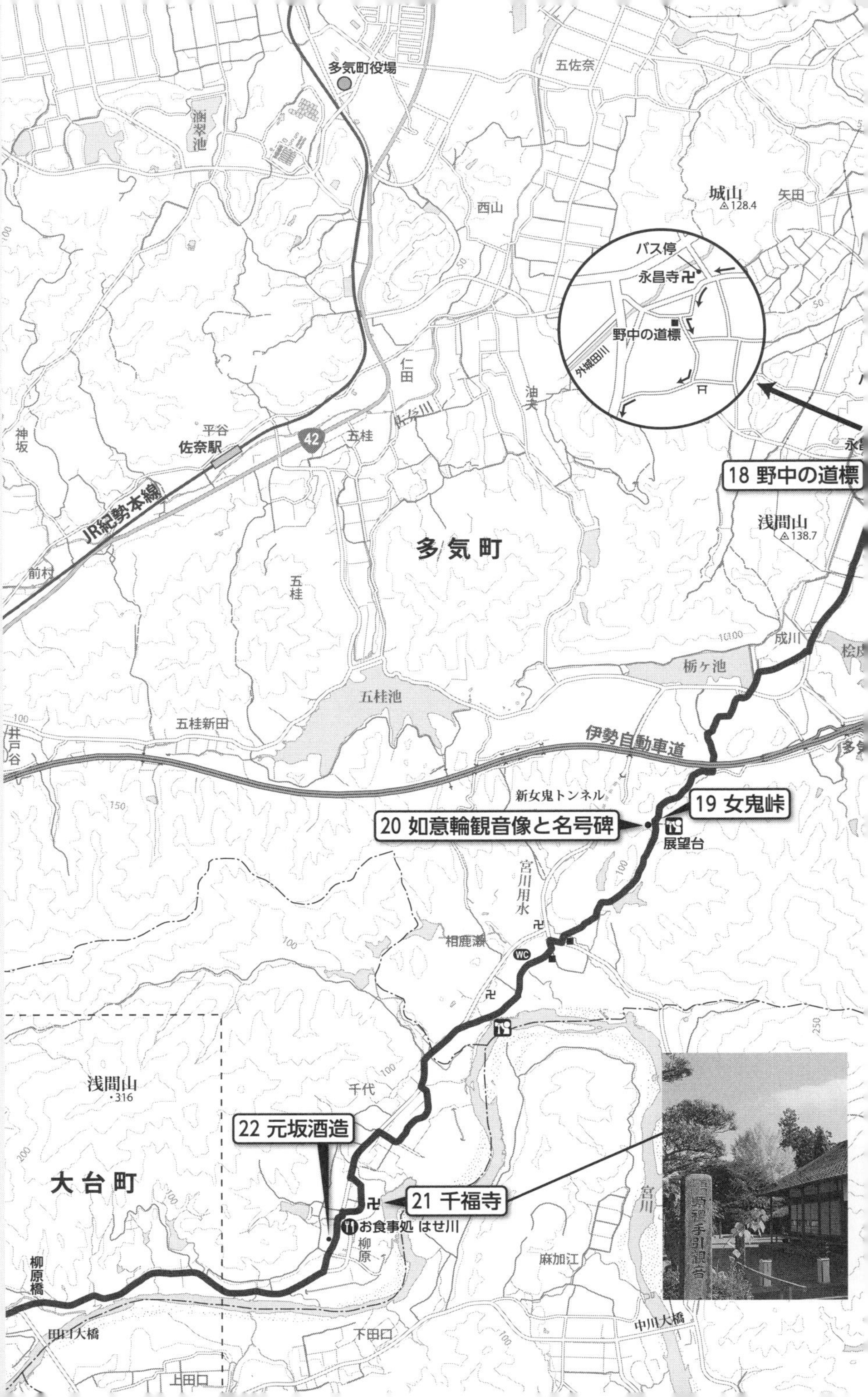

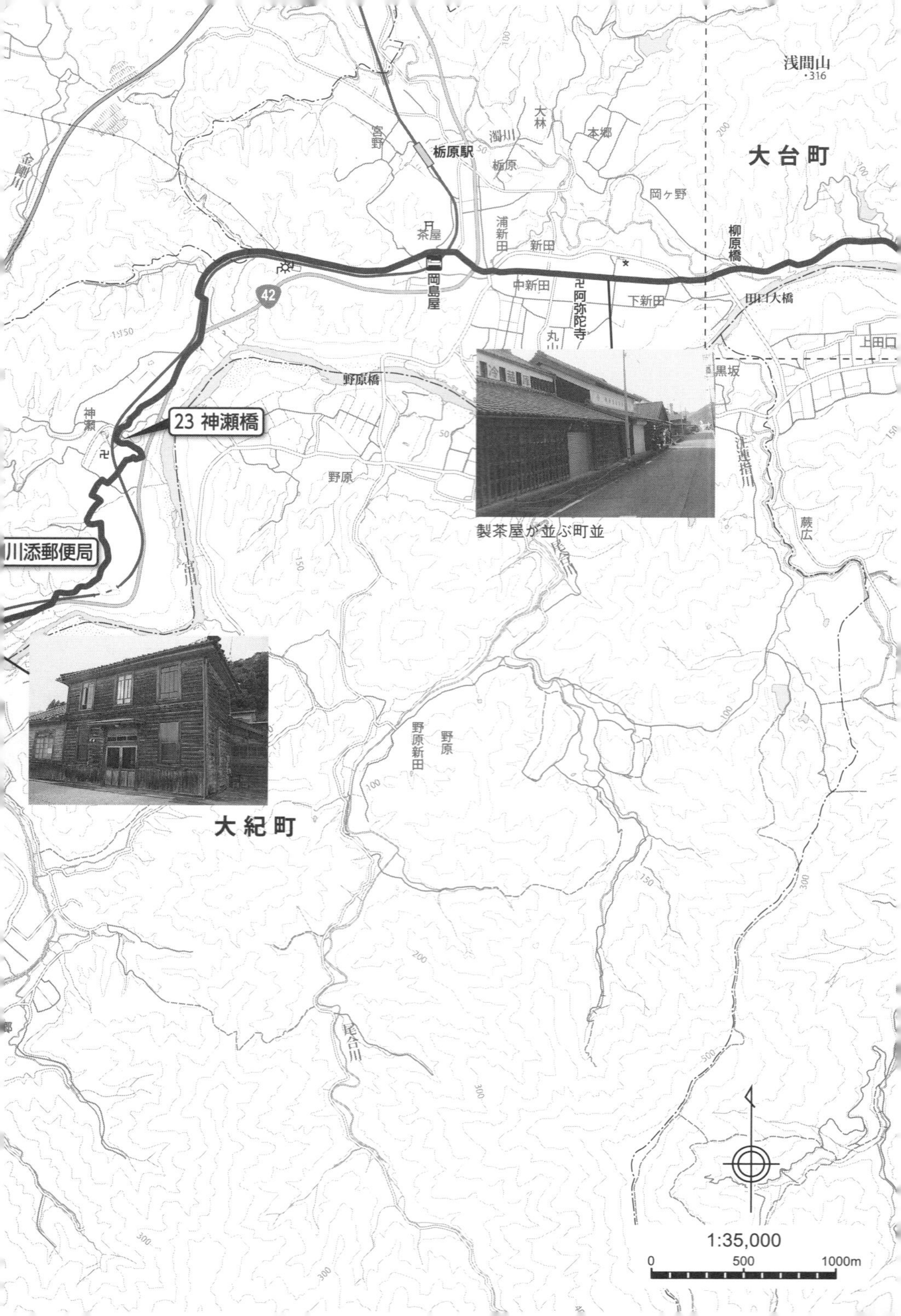
浅間山
316
大台町
柳原橋
田口大橋
上田口
黒坂
蕨広
栃原駅
宮野
濁川
大林
本郷
栃原
岡ヶ野
茶屋
浦新田
新田
中新田
阿弥陀寺
下新田
岡島屋
42
野原橋
23 神瀬橋
神瀬
野原
川添郵便局
金剛川
野原新田
尾合川
大紀町
1:35,000
0
500
1000m
製茶屋が並ぶ町並

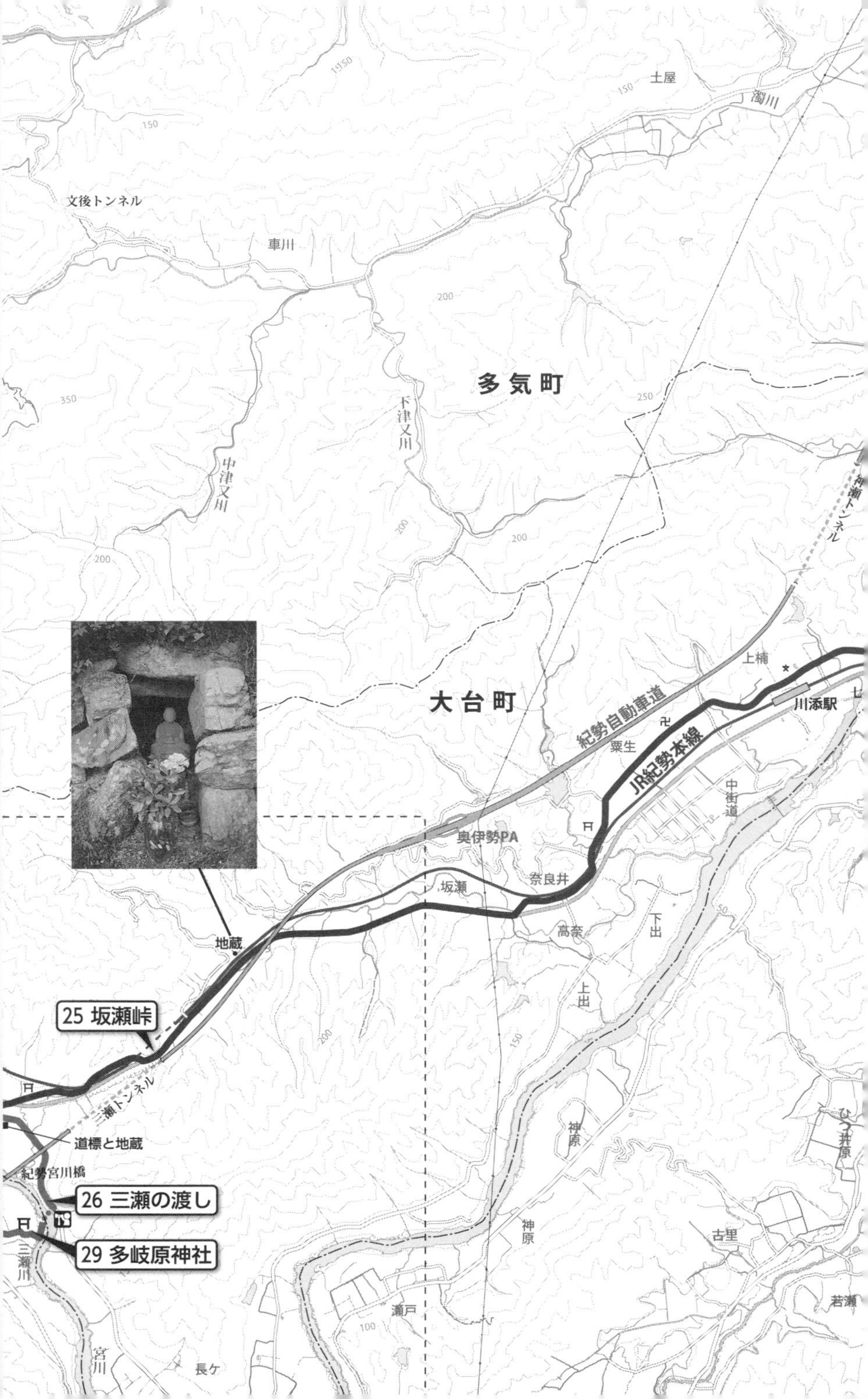

土屋
濁川
文後トンネル
車川
多気町
下津又川
中津又川
神瀬トンネル
大台町
紀勢自動車道
上楠
川添駅
粟生
JR紀勢本線
中街道
奥伊勢PA
坂瀬
奈良井
高奈
下出
地蔵
上出
25 坂瀬峠
三瀬トンネル
道標と地蔵
紀勢宮川橋
26 三瀬の渡し
29 多岐原神社
三瀬川
神原
ひつ井原
古里
若瀬
瀬戸
宮川
長ケ

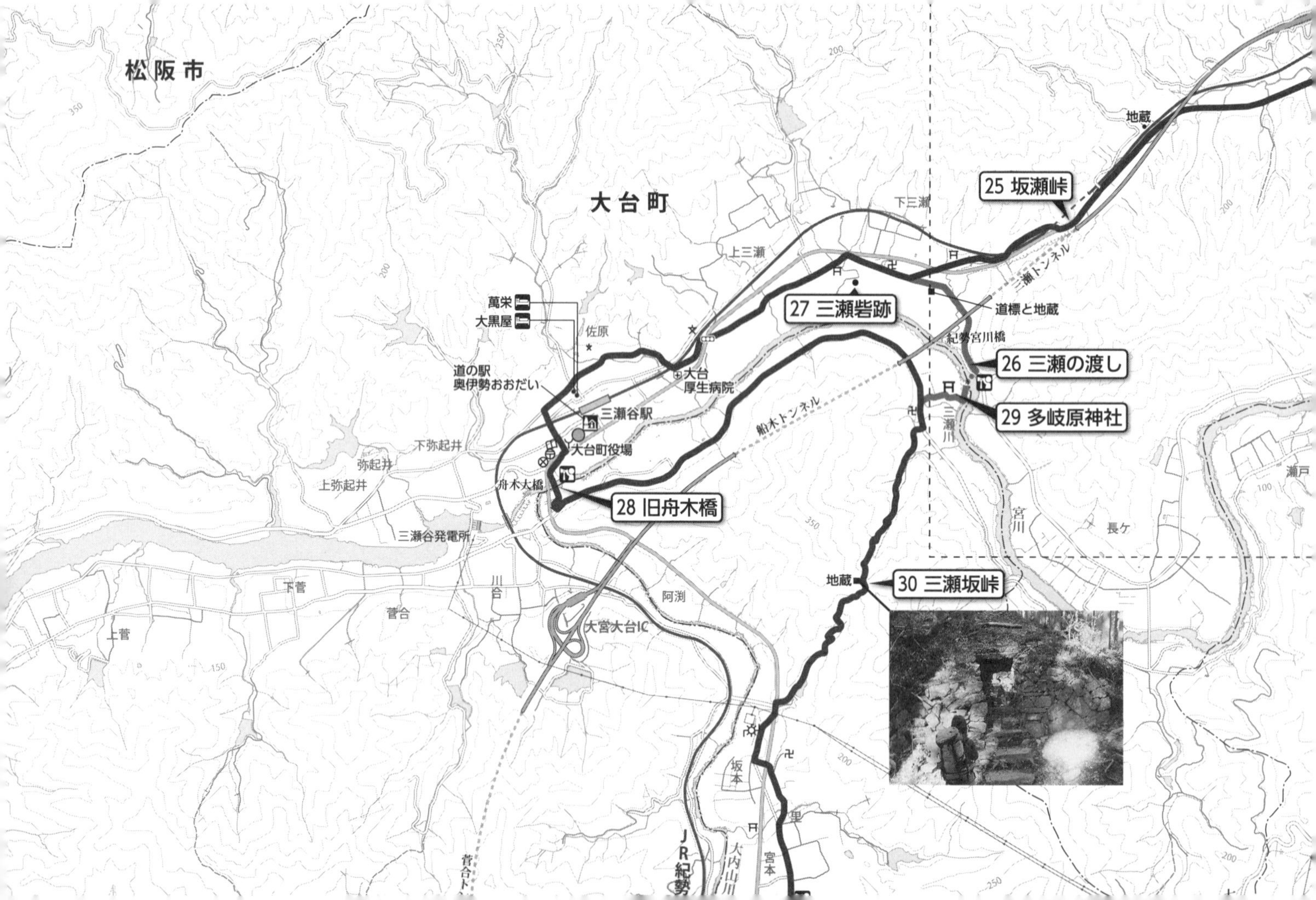

松阪市
大台町
25 坂瀬峠
26 三瀬の渡し
27 三瀬砦跡
28 旧舟木橋
29 多岐原神社
30 三瀬坂峠
萬栄
大黒屋
道の駅
奥伊勢おおだい
佐原
三瀬谷駅
大台町役場
大台
厚生病院
上三瀬
下三瀬
舟木大橋
船木トンネル
三瀬トンネル
道標と地蔵
紀勢宮川橋
三瀬川
宮川
長ケ
瀬戸
地蔵
下弥起井
弥起井
上弥起井
三瀬谷発電所
下菅
上菅
菅合
川合
阿渕
大宮大台IC
坂本
里
宮本
大内山川
JR紀勢
菅合ト

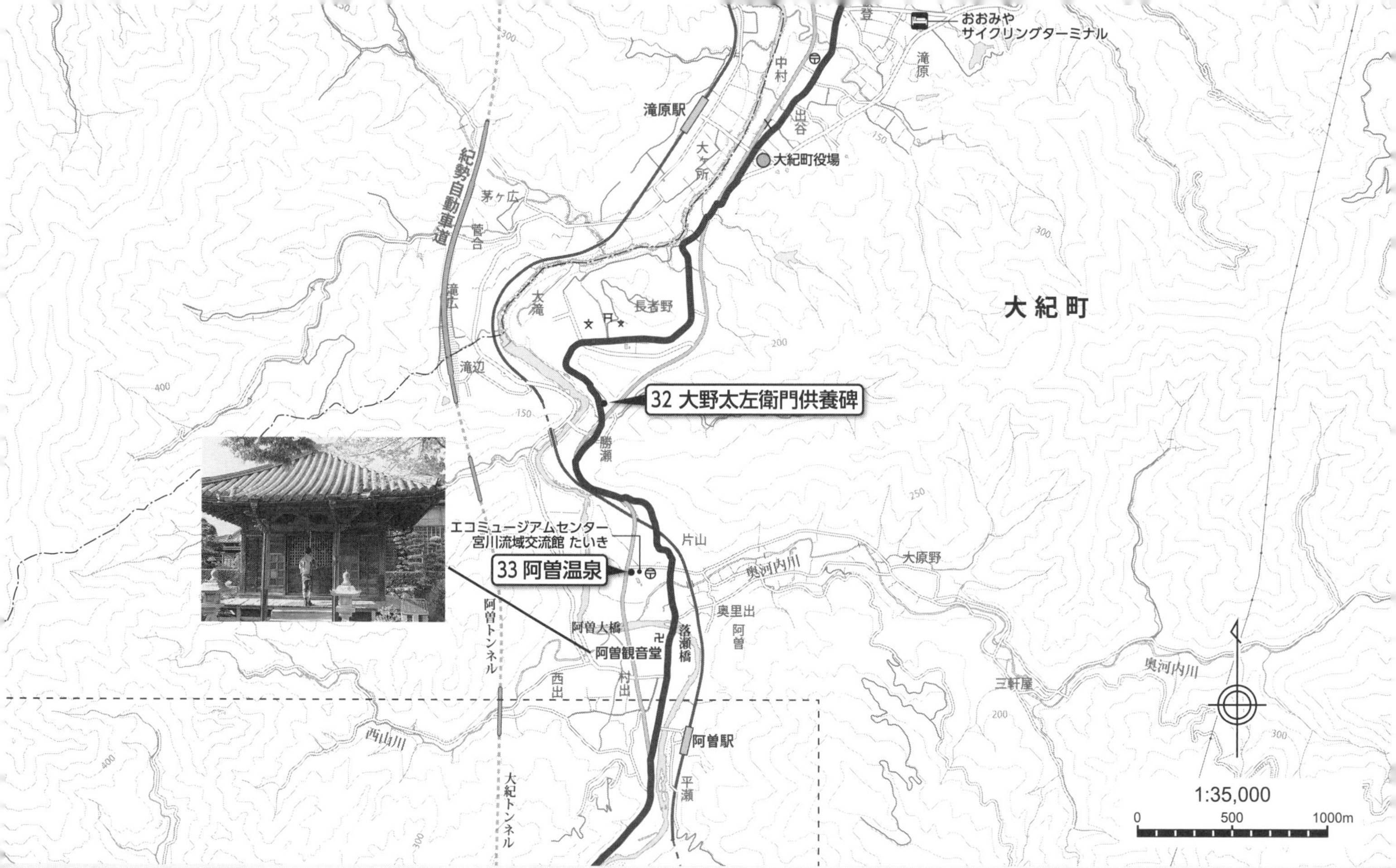

④ 坂瀬峠 —3km 50分— 旧舟木橋 —3.5km 55分— 多岐原神社 —1.5km 45分— 三瀬坂峠 (265M) —2.5km 60分— 瀧原宮 —5.5km 115分— 阿曽駅

1 皇大神宮《こうたいじんぐう》(内宮)

伊勢信仰の中心で、日本の神社の本宗《ほんそう》とされる。主祭神は天照大御神《あまてらすおおみかみ》、ご神体は三種の神器の1つ八咫鏡《やたのかがみ》。第11代垂仁天皇《すいにんてんのう》の皇女倭姫命《やまとひめのみこと》が大和から各地を巡り、神託によってこの地で天照大御神を祀ることになったという伝説がある。内宮では朱印帳が購入でき、朱印を拝受できる。また御紋菓《ごもんか》という干菓子も拝受できる。

2 おはらい町

内宮の宇治橋を出て、すぐ右側に続く商店街。ここは参宮街道の終着点に当たる部分で、伊勢から熊野詣を開始する人にとっては始発点となる。約1kmの間に、飲食店や土産物屋がずらりと並んでいる。

3 赤福本店

宝永4年(1707)創業の老舗和菓子店。現在の本店建物は明治10年(1877)に改築されたもの。赤福餅は店内でも食べられ、注文すると入口にある竈《かまど》で沸かしたお湯で淹れたお茶が振る舞われる。江戸時代の茶店の雰囲気を現代に良く伝えている。

4 おかげ横丁

おはらい町に隣接する商業街。平成5年(1993)の式年遷宮にあわせて、江戸時代から明治時代頃の町並みが再現され、約50店の食事処や土産物店が並んでいる。このほか、伊勢参宮の歴史が学べる「おかげ座」や「山口誓子俳句館」などもある。

朱印帳の使い方

旅を記録に残したい、これは誰しも考えることだろう。参拝した寺社で朱印を拝受するのはそういう人々の気持ちにかなっているのか、現代でも広く行われている。そもそも朱印とは、寺院で写経し、それを奉納した際に寺院側が受領証として渡したものだった。江戸時代になると、納経の見返りとして寺院が参拝者に朱印を授与するようになった。朱印帳に朱印を受ける形が整うのは明治時代以降のことだと聞く。

さて、西国三十三所巡礼や四国遍路では札所寺院があらかじめ決められていて、朱印帳に順番に朱印を拝受することが通例だ。しかし、熊野参詣道伊勢路には、定められた札所はない。そこで歩いて旅することを記録に残したい場合、朱印帳に工夫を加えて利用すればどうかというのが本書での提案だ。朱印帳に朱印を受けるのは、沿道で訪問した寺社、しかもそのときに実際に拝受することができた朱印だけで構わない。さらに、沿道で宿泊した施設や、峠道、道の駅などに設置してあるスタンプも、同じこの朱印帳に押印していく。そうすれば、この朱印帳は聖俗あわせて自分の歩き旅の全記録となり、巡礼歩き旅の証明書になる。歩くことに意味のある熊野参詣道の巡礼歩き旅。この朱印帳の使い方をお試し頂いてはどうだろうか。ただし、寺社であり合わせのノートに朱印を拝受するのは失礼にあたるから、遠慮するようにしておこう。

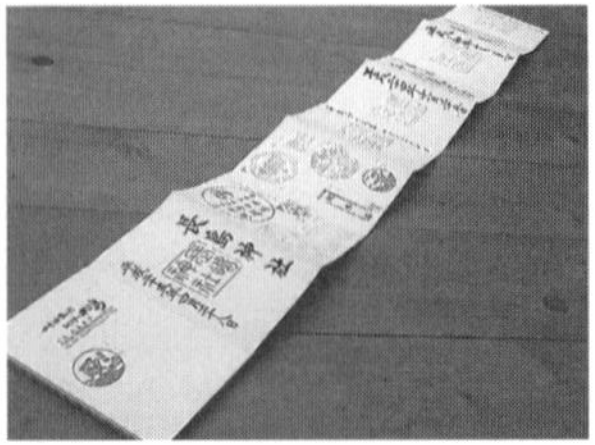

◀朱印帳の例

5 猿田彦神社

浦田交差点の北西に位置する。主祭神の猿《さる》田彦大神《たひこのおおかみ》は、天孫降臨の際に道案内をしたとされ、「道をきりひらく神」、道中安全の守り神として、崇敬をあつめている。伝承では、伊勢神宮の造営にあたって、猿田彦大神の後裔という大田命《おおたのみこと》が宇治の地を献上し、その子孫という宇治土公家《うじとこけ》が今日でも宮司を務めている。この神社では道中安全のお守りや、朱印を拝受できる。

6 伊勢古市《ふるいち》参宮街道資料館

猿田彦神社の角を右に曲がり、急な坂道を登ると古市である。江戸時代には茶屋、芝居小屋、妓楼が並ぶ日本有数の歓楽街だった。現在ではすっかり住宅街になり、かつての面影はほとんど無い。この資料館では、絵画や旅館の調度品などを展示しており、往時の賑わいをしのぶことができる。

住 伊勢市中之町69 ☎0596-22-8410

平成の一里塚

伊勢から熊野までの道中、沿道の4kmごとにキロポストが設置されている。これは平成21年(2009)、世界遺産登録後に三重県が建てたもの。これには、伊勢からの距離数と、熊野(新宮《しんぐう》)までの距離数が記されている。歩き旅の途中、次第に減っていく数字はきっと苦しい旅を励ましてくれることだろう。

◀キロポスト

7 寂照寺

街道沿い右側にある浄土宗の寺院で、本尊は阿弥陀如来。徳川秀忠の娘で、豊臣秀頼に嫁いだ千姫の菩提を弔うため、延宝5年(1677)に創建された。江戸時代末期の観音堂、金毘羅堂、山門はいずれも国の登録有形文化財。

8 麻吉旅館《あさきちりょかん》(国登録有形文化財)

古市の町中に道標があり、路地を右手に入ったところにある。現在の建物は江戸時代末期のもの。坂の傾斜に沿って本館を中心に平屋から3階建の建物が立ち並んでいる。建物は階段や廊下で連結されていて、一番下の土蔵から最上部の聚遠楼まで5階にわたる構造となっている。江戸時代の古市の賑わいを今に伝える旅館だ。

▲麻吉旅館は現在でも宿泊出来る

9 旧豊宮崎文庫《きゅうとよみやざきぶんこ》(国指定史跡)

慶安元年(1648)、外宮権禰宜出口延佳《げくうごんのねぎでぐちえんけい》等によって、外宮祠官《しかん》修学の場として設立された学問所である。大正12年(1923)には国の史跡に指定され、門と土塀に当時の様子をうかがう事が出来る。ここはオヤネザクラというヤ

熊野詣と西国三十三所巡礼

熊野詣の歴史は古く、平安時代の初めには都の人々に熊野は聖地として知られていたようだ。熊野詣が盛んになるのは平安時代末頃からで、都の皇族や貴族が多く参詣し、以後武士も加わっていった。その様子は「蟻の熊野詣」とも喩《たと》えられた。しかし江戸時代になると、熊野のみを目的地にする巡礼は次第にすたれ、西国三十三所巡礼に熊野が組み込まれていく。熊野三山の一つ那智山青岸渡寺《せいがんとじ》が西国第1番札所として賑わい、旅人は熊野三山を巡拝したのである。こうして、熊野は引き続き人々が目指す巡礼地として機能し、伊勢神宮から熊野へ向かう人々は熊野参詣道伊勢路を歩き続けたのである。

マザクラの一種がある桜の名所で、「伊勢で名所は二見に朝熊、お屋根桜に五十鈴川《いすずがわ》」と木遣《きや》り歌にもうたわれた。オヤネザクラは伊勢市の天然記念物。

10 式年遷宮記念 せんぐう館

第62回神宮式年遷宮に合わせて伊勢神宮が創設した博物館。外宮の鳥居前にあり、20年に1度の社殿造営や、御装束、神宝などの奉製技術を展示している。なかでも、外宮正殿の原寸大模型は、普段近くから拝することのできない正殿の構造がよくわかり、その巨大さに圧倒される。

住 伊勢市豊川町前野126-1　☎0596-22-6263

11 豊受大神宮《とようけだいじんぐう》（外宮）

内宮と並び伊勢信仰の中心となる神社である。主祭神である豊受大御神《とようけのおおみかみ》は御饌都神《みけつかみ》とも呼ばれ、御饌《みけ》（神様にお供えする食物）を司る。このことから、衣食住や産業の守護神として崇敬を集めている。建物や祭祀はほとんど内宮と同様であるが、両宮は決して並列されるものではなく、内宮が神宮の中心とされる。この外宮でも朱印が頂ける。

12 筋向橋《すじかいばし》

参宮街道と伊勢本街道の分岐点である。かつては川があったが、今は暗渠《あんきょ》になっており、筋向橋があったことを欄干のモニュメントが示している。橋を越えて右に向かえば参宮街道で京、江戸方面、まっすぐ行けば伊勢本街道で熊野、大和、大坂方面となる。モニュメントにはめ込まれた擬宝珠《ぎぼし》はかつて橋に使用されていた物で、嘉永2年（1849）の銘がある。

13 柳の渡し跡

伊勢の町の西端である宮川には江戸時代には橋がなく、伊勢本街道沿いには「柳の渡し」があった。渡し賃は無料で、川の手前には旅籠もあった。今日では渡し船はなく、度会橋《わたらいばし》まで迂回する。宮川堤は桜の名所で、ここが本格的に桜の名所になったのは、明治時代になってから。昭和12年（1937）には三重県の名勝に指定された。

14 田丸城下の道標

田丸の城下町に入り、田丸城の石垣が見えてくると、T字路の左角に道標が立つ。ここが大坂へ向かう伊勢本街道と熊野へ向かう熊野街道の分岐点である。道標の正面には「左　よしの　くま乃　みち」、右面には「紀州街道」、裏面には「さんくう道」と刻まれている。年号は入っていないが、江戸時代後期に設置されたものと考えられる。

『西国三十三所名所図会』

旅に出るときに、ガイドブックがあると心強いのは今も昔も変わらない。『西国三十三所名所図会』は西国三十三所観音霊場巡礼のガイドブックとして、大坂の文筆家、暁鐘成《あかつきかねなり》が嘉永6年（1853）に発行したもの。江戸時代に熊野参詣道伊勢路を伊勢から熊野へ向かう旅人の多くは西国三十三所巡礼者だった。この書物では、伊勢を起点に、熊野参詣道伊勢路を経て、熊野速玉大社、第1番札所の青岸渡寺（熊野那智大社）、熊野本宮大社の順に巡り、第2番札所の紀三井寺へ抜けて行くルートを紹介している。

また、この書物には写実的な挿絵が多く掲載されており、江戸後期の状況を詳しく知ることができる。本書の中でもしばしば紹介しているので、江戸時代の人々の旅にも思いをはせていただきたい。

15 田丸城跡（三重県指定史跡）

南北朝時代に北畠親房《きたばたけちかふさ》が築いたといわれ、北畠氏の南伊勢地方の支配の中心となった。永禄12年（1569）織田信長が伊勢に侵攻すると、信長の息子、信雄《のぶかつ》が北畠氏の養子となることで和睦が成立、天正3年（1575）信雄は田丸城へ移り3層の天守閣を築くなどの大改修を行った。信長が安土城を築いたのは天正4年(1576)のことで、織田家一門の城としては、安土城とほぼ同じ時期に築城されたことになる。現在残されている石垣は、織田信雄が築いたものだと考えられている。

16 蚊野《かの》の松原

田丸から約1時間、一面に柿畑が広がる。江戸時代には松林が広がり、蚊野の松原と呼ばれマツタケが良くとれることで知られていた。松林は戦前から戦後すぐにかけて開墾され、現在の柿畑となった。

17 石仏庵《いしぶつあん》

原の集落の入口にある。街道右側に立つ標柱には「順礼道引観世音」と刻まれている。左側の石仏は全部で33体あり、これは西国三十三所観音霊場の札所本尊になぞらえている。これらは江戸や大坂、京、大和、三河、伊勢などの人々の寄進によって文化2年(1805)頃に造立されたもの。この地は江戸時代の旅行案内書に「西国札所始まり」と記されており、西国巡礼旅の起点と考えられていた。

▲江戸時代の絵図とかわらない石仏庵

18 野中の道標

野中の集落の中に立つ道標である。「右　よしの　かうや　みち」「左　さいこく道」「西すくさんくうみち」と書いてあり、天保4年(1833)の銘がある。漢字で書けば、吉野、高野、西国道、参宮道。西国道とは西国巡礼道の意味で、熊野へ至る道、ということ。つまり、『紀伊山地の霊

江戸時代の熊野参詣道の主役

江戸時代、多くの旅人を熊野へ導いた石仏庵。当時の人々も目にした「順礼道引観世音」の標柱の側面には、次の言葉が刻まれている。

熊野路をみちびきたまえ　観世音
きよき不浄の　ひとはえらばず

観音様、熊野路を無事に旅させてください、だれかれと分け隔てすることなく、お守り下さい、という意味だろう。

熊野詣が始まった平安時代、旅する人の多くは僧侶や行者、そして都の皇族や貴族といった人々に限られていた。彼らは、京都から、今の大阪、和歌山をへて熊野へ向かった。

鎌倉時代になるとこれに武士や豪農が参加し、室町時代には全国から京都や伊勢を経由して熊野へ向かう旅のルートができあがった。その盛況ぶりは「蟻の熊野詣」とも呼ばれた。

江戸時代になると、伊勢参りが爆発的なブームとなり、庶民の旅が増加した。全国の村々では、お金を出し合い、伊勢へ代表者を送る「伊勢講《いせこう》」という組織もつくられた。そうした人々は、伊勢参宮ののち、熊野へ、熊野から西国三十三所巡礼へ、という一筆書きの旅をしたのである。

石仏庵に立つ石柱は、まさに庶民にむけたメッセージである。庶民にとっては、身分が高く「きよい」人だけを助けてくれる高尚なものよりは、誰でも分け隔てなく受け入れてくれる伊勢神宮や熊野三山に魅力を感じたのは当然だっただろう。この石柱に刻まれた言葉は、今日も、伊勢から熊野を目指す旅人を導いている。

場と参詣道』として世界遺産に登録された「吉野」「高野」「熊野」の3カ所の霊場と「伊勢」が1つの道標に刻まれていることになる。ここでは道標に従い左へ曲がる。

19 女鬼峠《めぎとうげ》

熊野参詣道伊勢路最初の峠。この峠は、昭和9年(1934)に女鬼隧道《ずいどう》が出来るまで地元住民によって使われていた。

登り口から20分ほどで峠へたどり着く。道はゆるやかで、それほど急な坂道ではない。峠には茶屋跡と切り通しがあるが、切り通しは明治時代以降に開削されたものと考えられる。峠を越えてすぐ左に「展望台」標識があり、それに従って尾根筋まで上がると、紀伊山地の山々を望むことができる。江戸時代の峠はこの位置まで上がっていたと考えるのが自然だ。

今は女鬼峠と書いているが、江戸時代の書物には「禰き峠」「子ギ峠」「メツキ峠」等と書かれており、女も鬼も全く関係は無い。

20 如意輪観音像《にょいりんかんのんぞう》と名号碑《みょうごうひ》

峠をこえて50mほど行くと、右手に小さな祠があり、祠内には享保12年(1727)銘の如意輪観音坐像が収められている。祠外側にはもう一躯の如意輪観音坐像と南無阿弥陀仏と書かれた六字名号碑が並んで立つ。切り通しの開削前には峠に設置されていたものだろう。

21 千福寺

女鬼峠を下り、相鹿瀬《おうかせ》、柳原《やなぎはら》と進むと、無量山千福寺、通称「柳原《やないばら》観音」にたどり着く。本尊は聖徳太子の御作と伝わる観世音菩薩。「巡礼手引の観音」とよばれ西国巡礼者は参拝した。現在では安産祈願の寺院として広く近隣の信仰を集めている。この寺院では蝋燭の献灯ができるほか、朱印も頂ける。住職の姿が見えないときは、ブザーがあるので押すと奥から出てきてくれる。

22 元坂《げんさか》酒造(酒屋　八兵衛)

柳原の街道沿い右側にある造り酒屋。創業は文化2年(1805)の老舗。この酒蔵では一度途絶えた酒米「伊勢錦」を復活させたことで知られる。伊勢錦は、山田錦の元種といわれ、淡麗でさっぱりとした味が特徴。自社の水田で伊勢錦を栽培し、吟醸酒を醸造している。予約すれば試飲や酒蔵見学もさせてもらえる。自宅等への発送も可能。

23 神瀬橋

明治40年に竣工した延長16.6mの煉瓦製アーチ橋。道路用の煉瓦アーチ橋は珍しく、特に盾状迫石《たてじょうせまりいし》を持つものは日本全国でもほとんど例が無い。高欄にも装飾が施され、側面には「神瀬橋」と書かれた扁額が設置される。公益社団法人土木学会が選ぶ「日本の近代土木遺産2800」のひとつ。

▲歩いていると橋とは気づかない

24 旧川添郵便局

川添郵便局の向かい側に位置する建物である。瓦葺き洋風木造建築で、元は全体がピンク色に塗られていたようだ。2階の窓枠はいずれも建築当初のものだろう。これまで調査が行われたことがないので詳細は不明だが、昭和初期以前の建築とみられる。鬼瓦に入っている郵便のマーク(〒)がかわいい。内部の見学はできない。

25 坂瀬峠

高奈から下三瀬《しもみせ》に向かう峠。峠への道は江戸時代の街道筋に現在の国道42号がほぼ重なっていて、国道脇の歩道を歩くしかない。峠道の入口右側に石龕《せきがん》があり、天保11年(1840)銘の地蔵がある。この地蔵は道標も兼ねており、山田内宮、那智山までの里数が刻んである。

26 三瀬《みせ》の渡し

江戸時代の熊野参詣道は、坂瀬峠を越えると、三瀬谷《みせだに》の集落に向かわず、宮川の河原に出て渡し船に乗っていた。渡し船は明治時代に廃止されたが、地元のボランティアによって復活している。渡し船を降りると多岐原《たきはら》神社で、三瀬坂峠への登り口はすぐ。船を利用すると、三瀬谷の橋を渡るのに比べて行程が約6㎞短くなり、現実的な利用価値も高い。ただし、対岸に宿泊施設はなく、その日のうちに三瀬坂峠を越えなければならないので、川を渡る時間には注意したい。

▲滝は今も流れ落ちている

☎0598-84-1050（大台町観光協会）

¥1名500円

事前予約必要。運行はボランティア団体「大台町ふるさと案内人の会」。

27 三瀬砦跡（三重県指定史跡）

坂瀬峠から三瀬谷の集落に向かう道の左側にある。大谷川が、宮川本流に合流する嘴状の突端に位置し、南、西、北の三方が断崖状となる軍事的に要害の地である。中心部は小規模で館跡に近いが、周囲に土塁を巡らす室町期の地侍の城砦の面影をよく残している。永禄年間(1558～70)、長野左京進がここに居住し、元和年間(1615～24)に廃城になったといわれる。

28 旧舟木橋《きゅうふなきばし》（国登録有形文化財）

▲橋は宮川を眺めるビューポイント

三瀬谷から滝原へ向かう道路橋で、明治38年(1905)の竣工。長さ約90m、橋脚は煉瓦造りで、変形五角形の基壇の上に立つ。橋台は昭和9年(1934)にワーレントラス形式に改修された。欄干が低いので、通行注意。

29 多岐原《たきはら》神社

三瀬の渡しを利用した場合には船を下りてすぐ、三瀬谷の集落から旧舟木橋を渡ってきた場合には、県道から左手に河原に向かって少し下った位置にある。延喜式内社で皇大神宮摂社《せっしゃ》。祭神は倭姫命が宮川を渡るのを助けたという土地の神である真奈胡神《まなこがみ》。社頭には常夜燈2基や、紀州藩が享保9年(1724)に建てた禁殺生石がある。

30 三瀬坂峠

傾斜の急な険しい峠道で、峠越えには約1時間かかる。山はほとんど植林のスギ・ヒノキ。峠には石積みの龕《がん》に地蔵が祀られ、宝暦6年(1756)の銘がある。この峠を越えると、この先しばらく峠越えはない。

◀地蔵に手を合わせて峠越え

江戸時代の瀧原宮

江戸時代の瀧原宮はどんな様子だったのか。『西国三十三所名所図会』では、瀧原宮には本宮と竝宮があると書かれており、祭神は本宮が速秋津彦命《はやあきつひこのみこと》、竝宮《ならびのみや》は速秋津姫命《はやあきつひめのみこと》として紹介されている。速秋津彦命、速秋津姫命は日本書紀ではイザナギとイザナミの間に生まれた港の神。明治時代以降にご祭神について様々な研究がされ、天照大神とされたのだろう。神社のように昔と同じと思えるものでも変わっている部分もあるのだ。

31 瀧原宮《たきはらのみや》

皇大神宮の別宮で、「大神の遙宮《とおのみや》」とも呼ばれる。伝説では、垂仁天皇の皇女倭姫命が、今の伊勢神宮にたどり着く前に一時天照大神を祀っていた土地という。中心には二つの社（瀧原宮と瀧原竝宮《たきはらならびのみや》）が祀られており、祭神はいずれも天照大神。周囲はうっそうとした林に囲まれている。ここでは、朱印を頂けるほか、お祓いを受けることもできる。

▲木々に覆われた境内

32 大野太左衛門供養碑

熊野参詣道沿いには、旅の途中で行き倒れた巡礼者の供養塔が多くある。阿曽《あそ》の入口、勝瀬にある供養塔は、天明6年（1786）、新潟県南魚沼市から来た大野太左衛門がこの地で亡くなった時、たてられたものであることが銘文からわかる。

33 阿曽《あそ》温泉

阿曽は、江戸時代から「鉱泉」の湧く土地として知られていた。現在でも赤茶けた鉱泉井戸のあとが残り、鉱泉の成分である石灰が固まった巨大な石灰華もある。この阿曽の集落の中に、廃校となった小学校を改装して公営の温泉浴場が開設されている。泉質はナトリウム・カルシウム―炭酸水素塩・塩化物温泉。筋肉痛や疲労回復に効果がある。

住 度会郡大紀町阿曽429　☎0598-84-8080

¥ 大人500円

▲温泉の他、産直の店、食堂などもある阿蘇湯の里

今も生きる供養塔

大野太左衛門の供養塔にはその後に続く物語がある。彼の死から10年後の寛政8年（1796）、同じ越後国出身で俳人の鈴木牧之《ぼくし》がこの地を通りかかり、この供養塔の存在を知った。鈴木牧之は同郷の人がこの地で亡くなったことに感じ入り、日記に記し、手向けの俳句を詠んだ。

さらに、それから200年後の平成4年（1992）、大野太左衛門の子孫が初めてこの供養塔の存在を知り、ここを訪れて太左衛門を供養する法要を行ったという。200年の時を越えて人の心をつなぐ、今に生きる伝説である。

弐區

荷坂《にさか》峠から馬越《まごせ》峠をへて尾鷲《おわせ》へ

伊勢国《いせのくに》から紀伊国《きいのくに》へ。国境の荷坂峠、ツヅラト峠、いずれの峠でも、旅人は初めて熊野灘を目にする。この先は大小の峠を次々に越しながら進む。左手には海、右手には折り重なった紀伊山地の峰々が果てしなく広がっている。石畳で知られる馬越峠を越えると、地域の中心の町、尾鷲だ。

荷坂峠道から見下ろす熊野灘

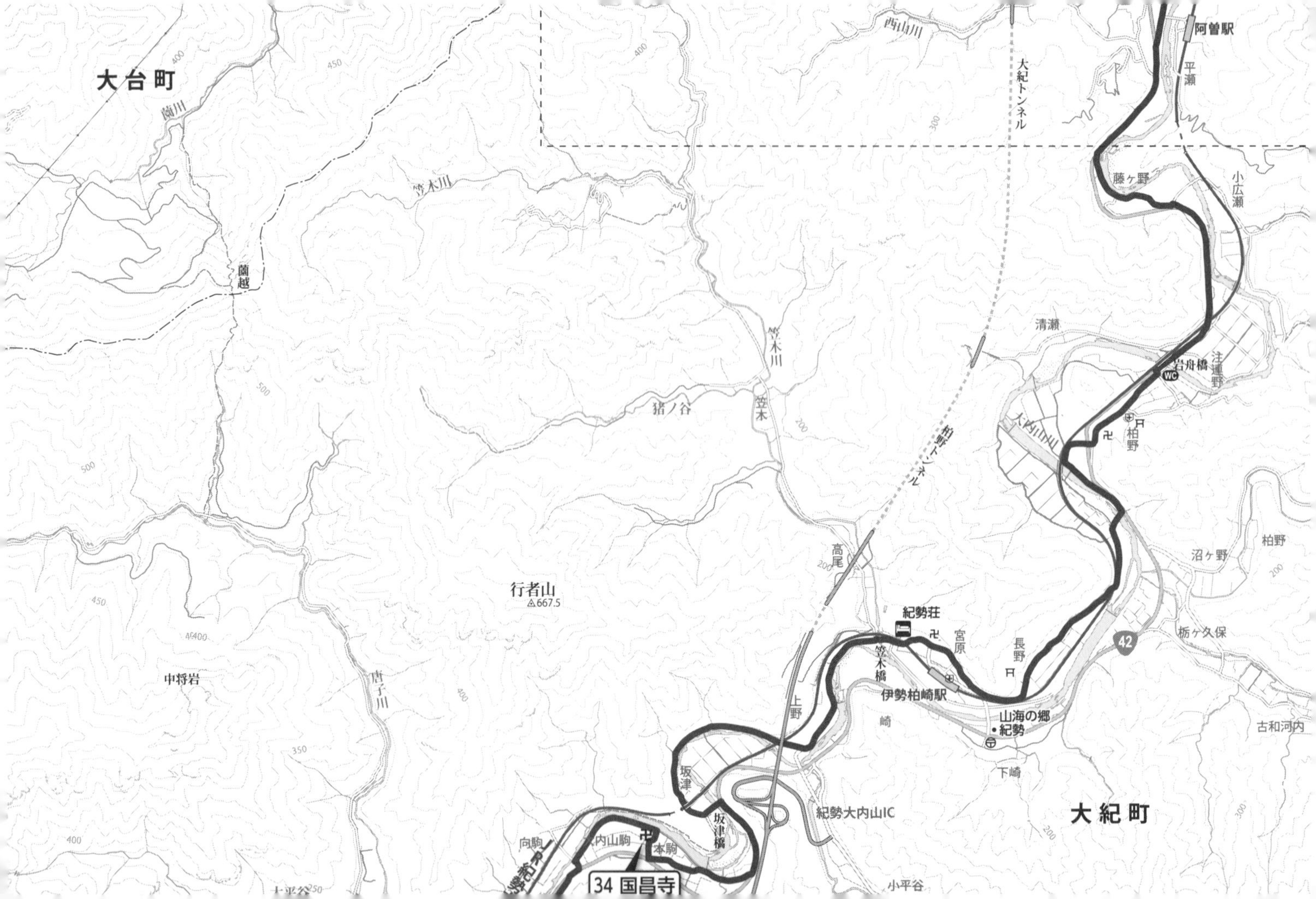

大台町
薗川
薗越
笠木川
西山川
大紀トンネル
阿曽駅
平瀬
藤ヶ野
小広瀬
清瀬
岩舟橋
注連野
柏野
笠木川
笠木
猪ノ谷
柏野トンネル
大内山川
高尾
沼ヶ野
柏野
行者山
△667.5
紀勢荘
宮原
長野
42
栃ヶ久保
中将岩
唐子川
笠木橋
伊勢柏崎駅
上野
山海の郷
紀勢
崎
古和河内
坂津
坂津橋
紀勢大内山IC
下崎
大紀町
向駒
大内山駒
本駒
34 国昌寺
小平谷

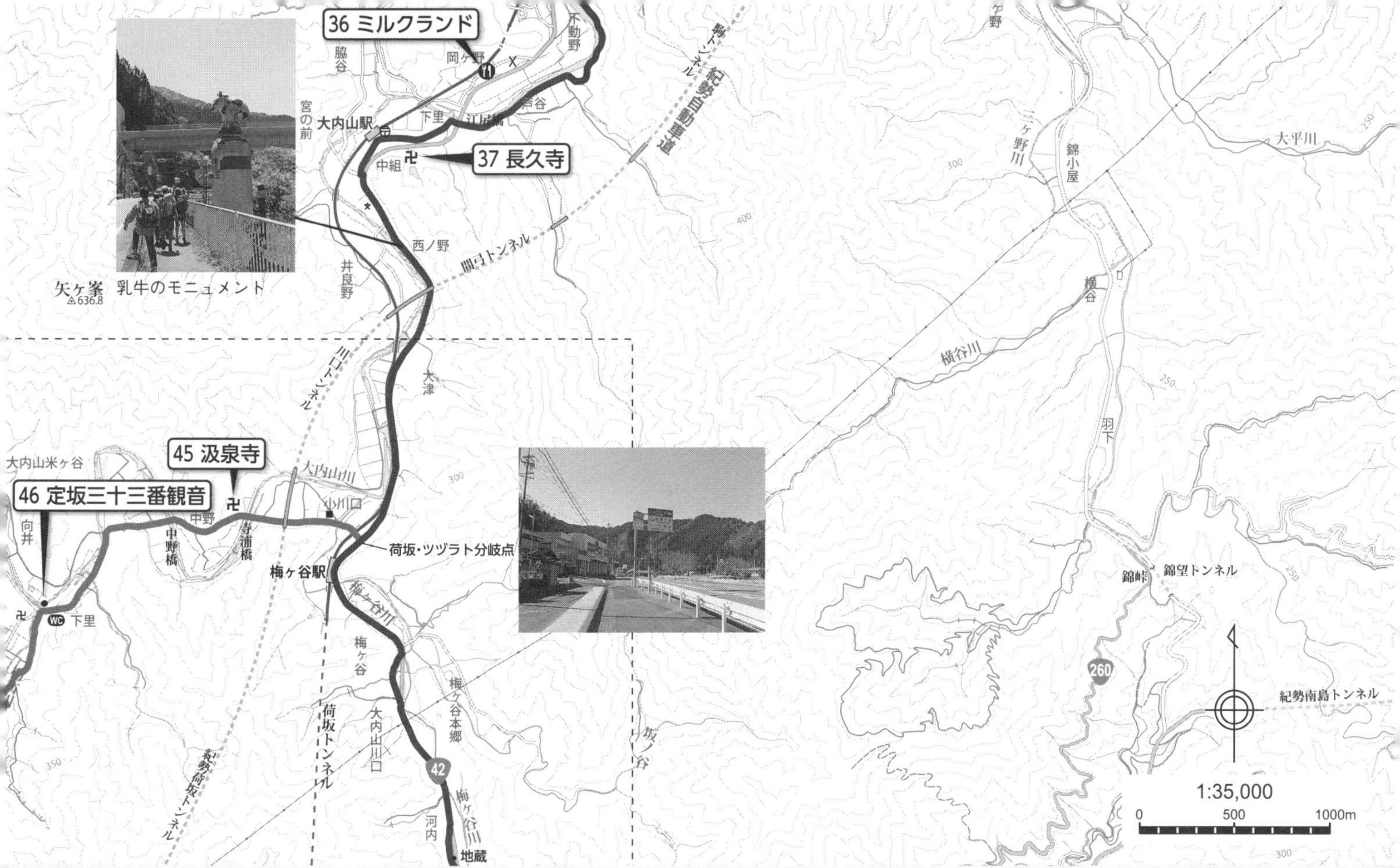
36 ミルクランド
37 長久寺
45 汲泉寺
46 定坂三十三番観音
大内山駅
梅ヶ谷駅
荷坂・ツヅラト分岐点
乳牛のモニュメント
矢ヶ峯
△636.8
紀勢自動車道
駒トンネル
間弓トンネル
川口トンネル
荷坂トンネル
紀勢荷坂トンネル
錦望トンネル
紀勢南島トンネル
岡ヶ野
脇谷
宮の前
下里
江尻橋
芦谷
不動野
中組
西ノ野
井良野
大津
大内山川
小川口
大内山米ヶ谷
向井
中野
中野橋
寺浦橋
梅ヶ谷
梅ヶ谷川
梅ヶ谷本郷
大内山川口
河内
地蔵
坂ノ谷
横谷川
横谷
羽下
錦小屋
三ヶ野川
大平川
錦峠
42
260
1:35,000
0
500
1000m

大紀町
紀北町
旧熊野街道ツヅラト峠・登り口
45 汲泉寺
46 定坂三十三番観音
47 ツヅラト峠道
48 有久寺温泉
39「二坂」の石
40 沖見平
荷坂峠
38 荷坂峠道
ツヅラト峠
ツヅラト石道登り口の石碑
荷坂・ツヅラト分岐点
梅ヶ谷駅
大内山米ヶ谷
向井
下里
栃古
栃古川
西谷
本郷
新田
中野
中野橋
寺浦橋
小川口
大内山川
大津
梅ヶ谷川
梅ヶ谷
梅ヶ谷本郷
大内山川口
河内
地蔵
荷坂トンネル
紀勢荷坂トンネル
一郷トンネル
紀勢自動車道
有久寺
志子川
片上川
42
400
350
300
250
200
150

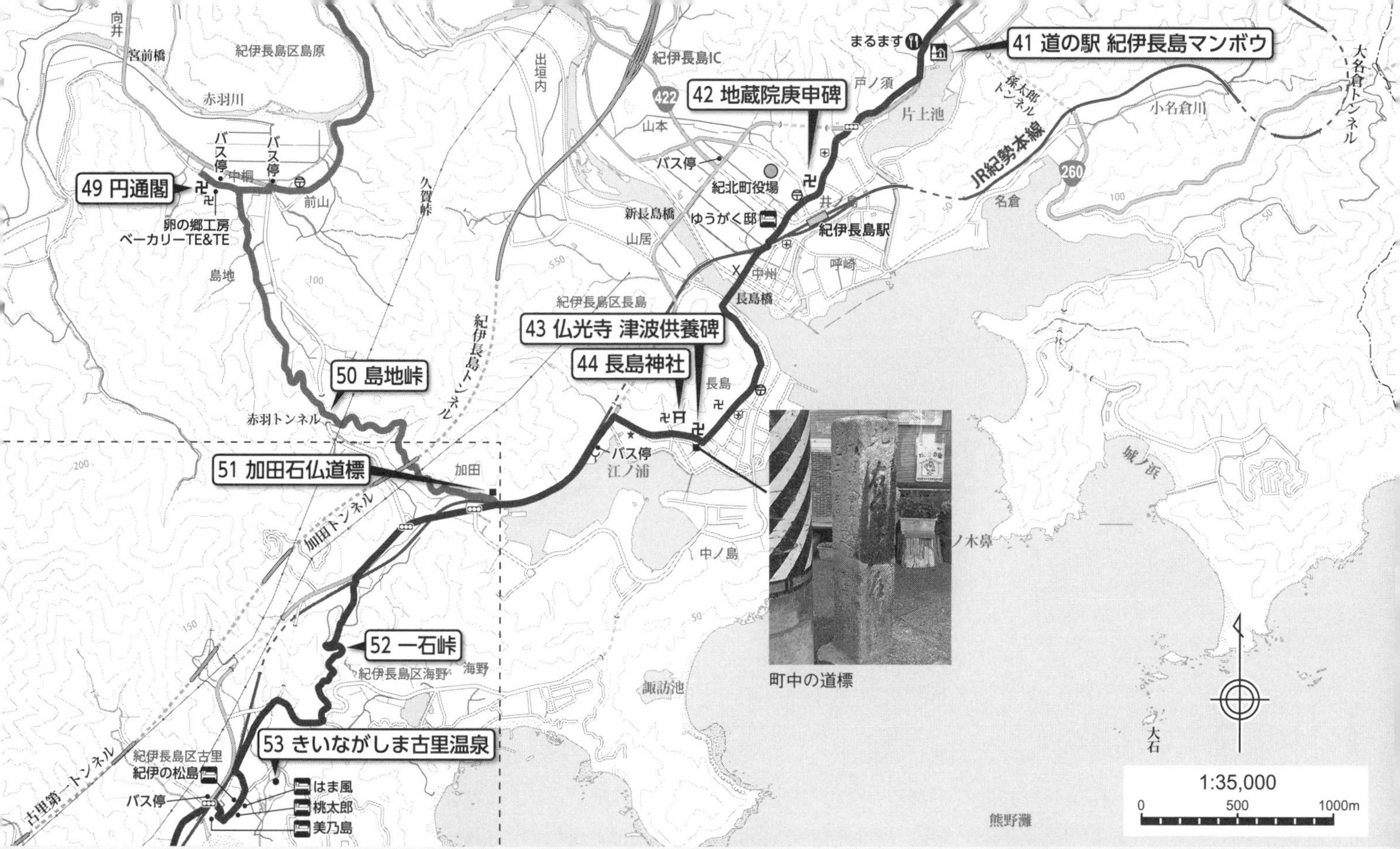

6 荷坂・ツヅラト分岐点 ＜ 3km 60分 荷坂峠 (241M) 3km 80分 道の駅 紀伊長島マンボウ 3km 60分 長島神社 1km 30分 ＞ 加田石仏道標
4km 120分 ツヅラト峠 (357M) 5.5km 130分 円通閣 2km 30分 島地峠 (100M) 1km 20分

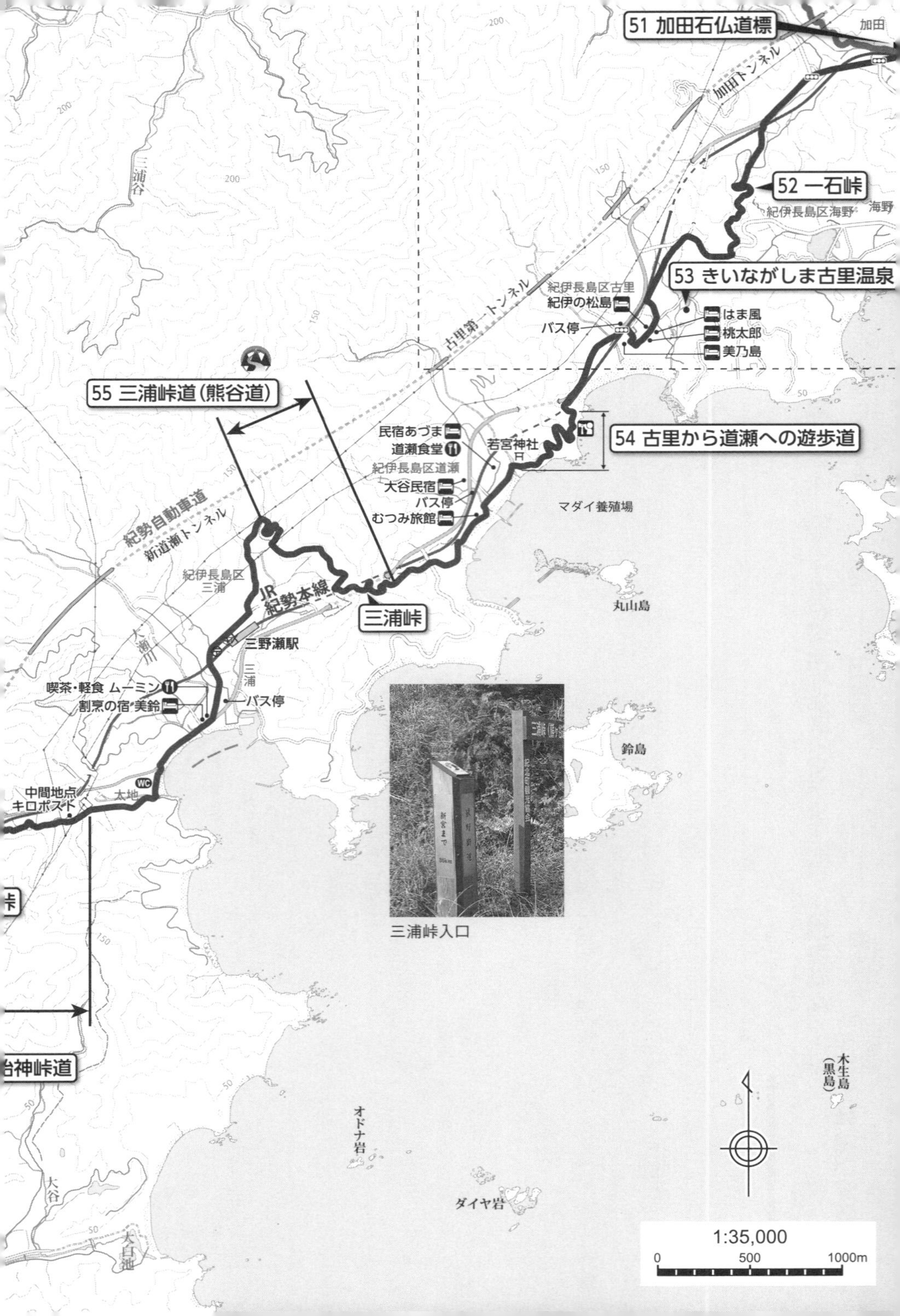
51 加田石仏道標
加田
加田トンネル
52 一石峠
海野
紀伊長島区海野
53 きいながしま古里温泉
紀伊長島区古里
紀伊の松島
バス停
はま風
桃太郎
美乃島
古里第一トンネル
三浦谷
55 三浦峠道（熊谷道）
54 古里から道瀬への遊歩道
民宿あづま
道瀬食堂
若宮神社
紀伊長島区道瀬
大谷民宿
バス停
むつみ旅館
マダイ養殖場
紀勢自動車道
新道瀬トンネル
紀伊長島区
三浦
JR
紀勢本線
三浦峠
丸山島
大瀬川
三野瀬駅
三浦
喫茶・軽食 ムーミン
割烹の宿 美鈴
バス停
鈴島
中間地点
キロポスト
太地
WC
峠
治神峠道
木生島（黒島）
オドナ岩
ダイヤ岩
大谷
大白池
1:35,000
0
500
1000m
200
150
50
三浦峠入口

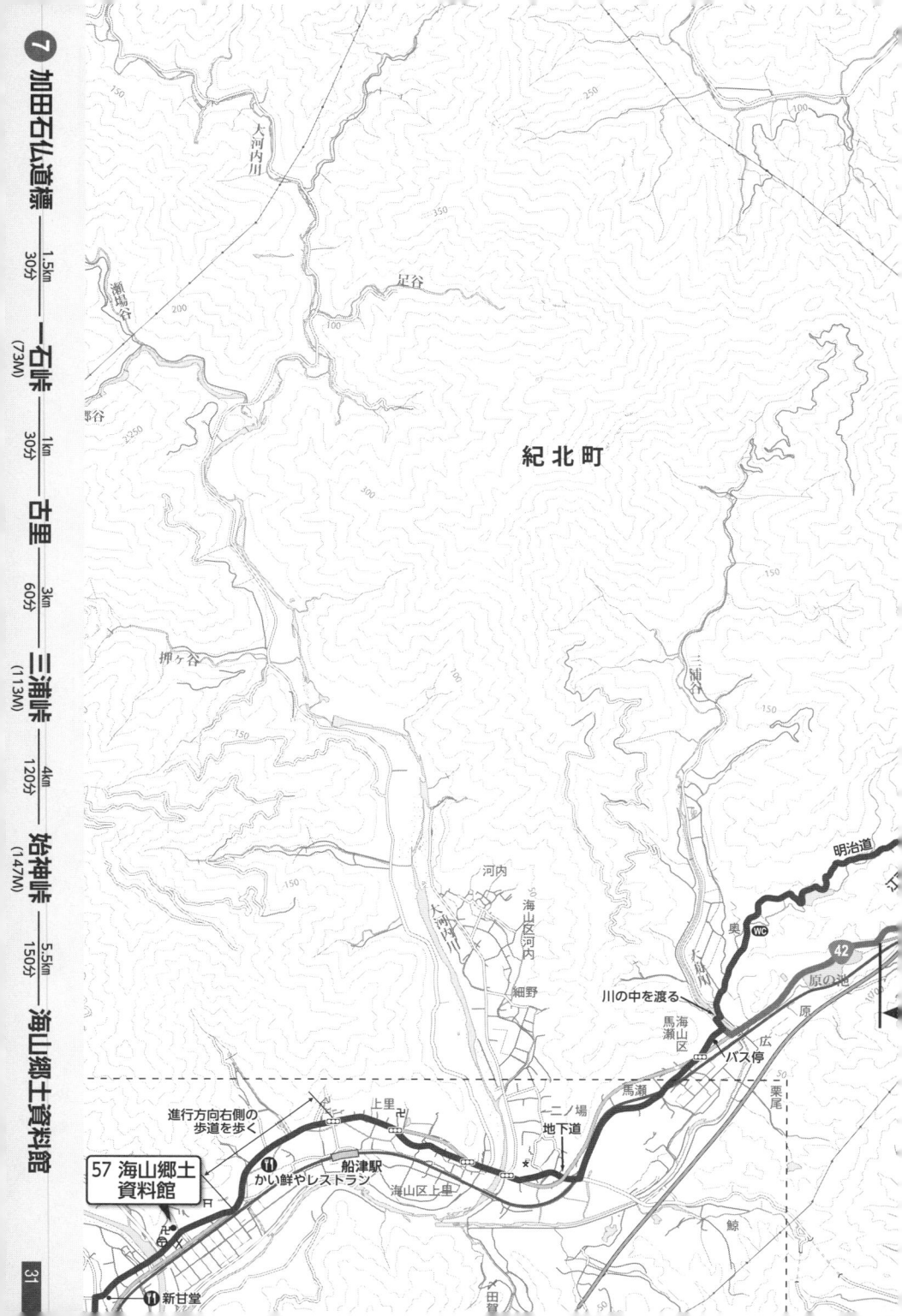

7 加田石仏道標 —1.5km 30分— **一石峠** (73M) —1km 30分— **古里** —3km 60分— **三浦峠** (113M) —4km 120分— **始神峠** (147M) —5.5km 150分— **海山郷土資料館**

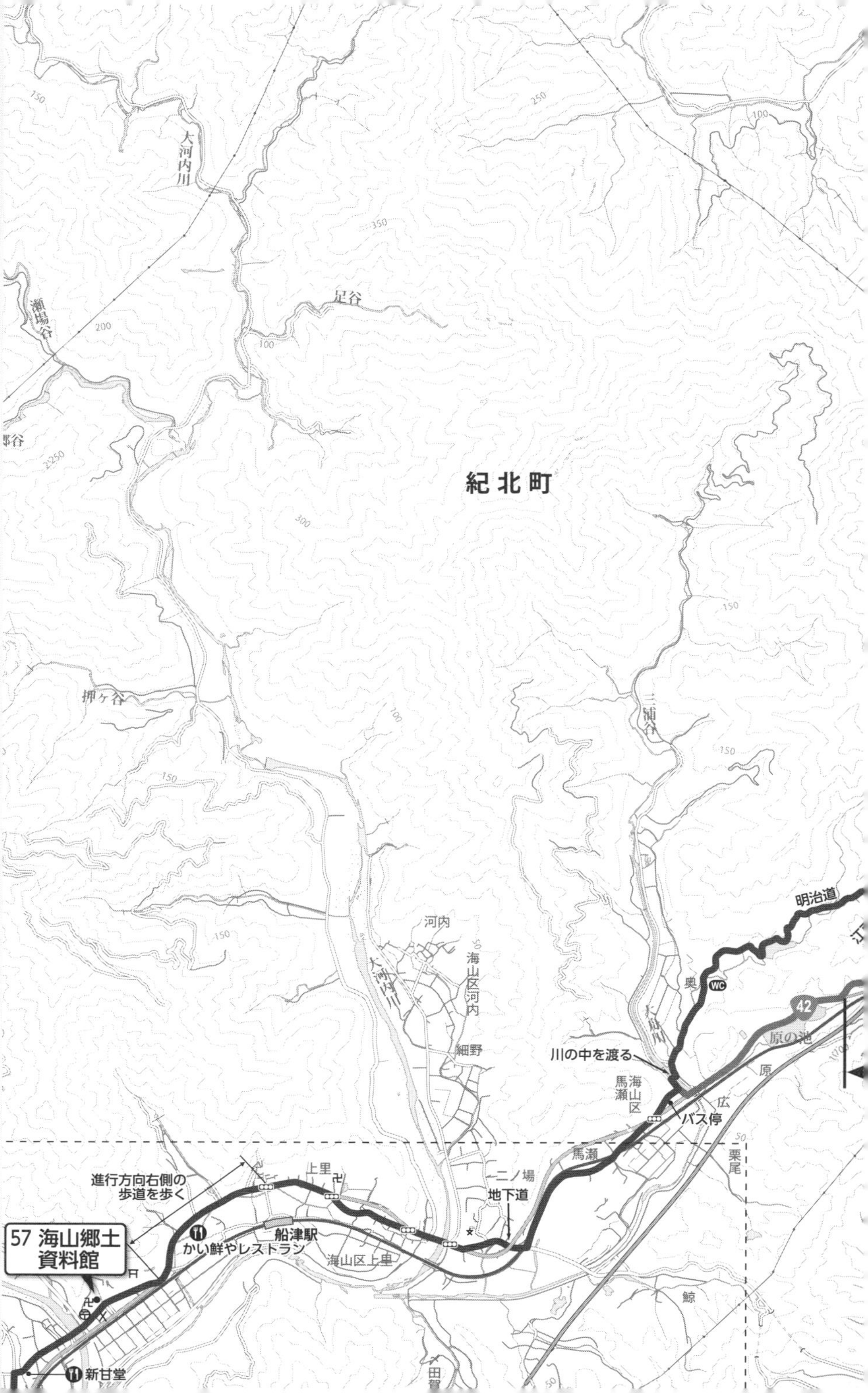
紀北町
大河内川
足谷
瀬場谷
押ヶ谷
三浦谷
河内
海山区河内
細野
大河内川
奥
明治道
原の池
原
川の中を渡る
馬瀬
海山区
広
バス停
栗尾
馬瀬
二ノ場
地下道
上里
進行方向右側の歩道を歩く
57 海山郷土資料館
かい鮮やレストラン
船津駅
海山区上里
鯨
新甘堂

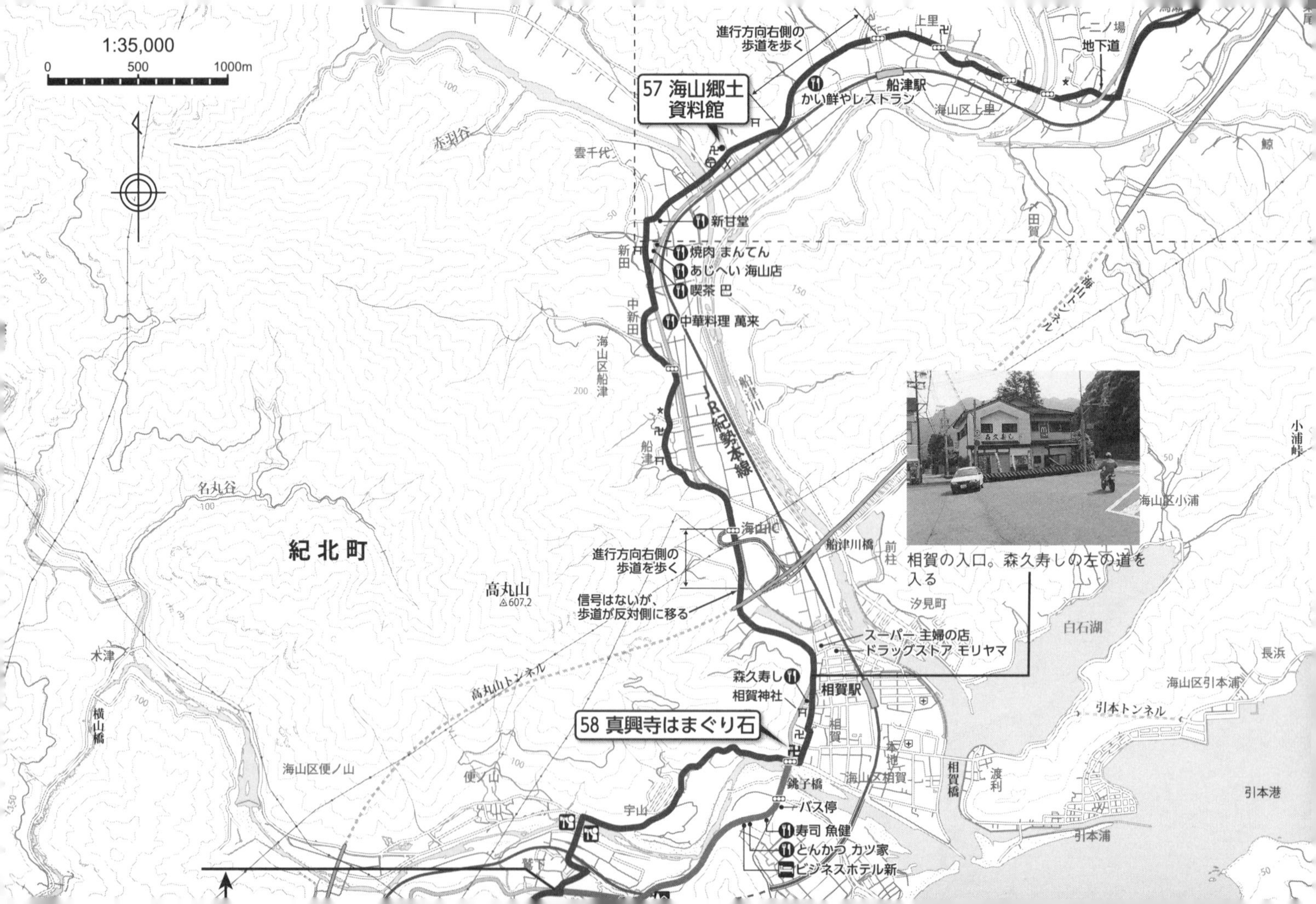

相賀の入口。森久寿しの左の道を入る

8 海山郷土資料館 —4km 70分— 真興寺はまぐり石 —33km 110分— 馬越峠 (325M) —1.8km 90分— 尾鷲神社 —3.2km 75分— 民謡尾鷲節歌碑

34 国昌寺

駒の集落の外れにある。元は川向かいにあったといい、伝承では永禄年間(1558～1570)の創建という。現代の建物は昭和40年代に建て替えられたもの。本堂を守るように立つ巨大なクスノキが印象的。

▲境内には古い庚申像もある

35 大内山《おおうちやま》一里塚(三重県指定史跡)

不動野橋の手前、熊野参詣道が川に沿って左に曲がる角にある。一里塚は江戸時代に一里(約4km)ごとに設置された距離の目安。かつては塚松とよばれるクロマツの巨樹が道の東側にあり、一里塚であることを示していた。さらに昭和初期までは、街道をはさんで西側にもマツの巨樹があったと伝えられる。江戸時代の古絵図にも川岸の街道沿いに一里塚が記され、現在地と一致する。現在は、2代目のマツの木が植えられている。

36 ミルクランド

大内山には「大内山酪農農業協同組合」があり、「大内山牛乳」という牛乳を主に三重県内で販売している。ミルクランドではその牛乳で作った名物のソフトクリームを販売しているほか、牛乳、バター、ヨーグルト等の乳製品、自家製のパンも販売している。発送も可。

住 度会郡大紀町大内山3600-2

☎0598-72-2304

37 長久寺

大内山の中心から近い場所に位置する曹洞宗の寺院。街道筋から国道を渡り、少し山側に入った場所にある。本堂は天保10年(1839)に焼失し、12年(1841)仮堂として再建された。この寺の木造阿弥陀如来坐像は鎌倉時代初期の作と考えられ、底板に宝永年間(1704～1710)の修理銘がある。恵心僧都の作という伝承があり、大内山郷の祈念仏とされる。仏像は三重県指定有形文化財。

荷坂《にさか》峠とツヅラト峠

伊勢国と紀伊国の国境には荷坂峠とツヅラト峠の2つの峠がある。荷坂峠を越えると、片上池の畔に出て、赤羽川《あかばがわ》を越え、紀伊長島の町を経由して南へ向かう。一方、ツヅラト峠を越えると、山間の志子《しこ》の集落へ出て、赤羽川沿いに上流へ向かい、島地峠を越えて、荷坂峠越えのルートに合流する。江戸時代には荷坂峠が街道として主に利用された。いずれの峠道も世界遺産に登録されている。

伊勢から熊野への歩き旅では、どちらかの峠をかならず越さなければならない。峠の標高は荷坂峠が241m、ツヅラト峠が357m。歩きやすいのは荷坂峠だが、峠の見晴らしはツヅラト峠の方が良い。ただ、ツヅラト峠からの下りはかなりの悪路で、雨天時は避ける方が無難。また、ツヅラト峠から島地峠の間には食堂がほとんどないので、ツヅラト峠に向かうときは、梅ヶ谷までに食料を確保しておこう。

▼ 荷坂峠ルート ▼

38 荷坂峠道(国指定史跡)

荷坂峠は、二坂峠とも書く。伊勢から歩いてきた旅人は、はじめて目にした熊野灘の美しさをしばしば道中日記に記している。峠道の登りは現在の国道42号とほとんど重なっており、峠から先の下り部分が世界遺産登録範囲となっている。現在、峠からの見晴らしはきかない。

39「二坂」の石

荷坂峠には茶店の跡が残るほか、かつて観音堂が祀られていた場所に、石積みが遺されている。この石積みには「二坂」の文字が刻まれており、文化3年(1806)の銘がある。

40沖見平

荷坂峠からの下り道の途中、右側に看板が有り、それに従って30mほど進んだ所にある見晴台。眼下には紀伊長島の町や、紀伊の松島と称えられる多島海、熊野灘がのぞめる。

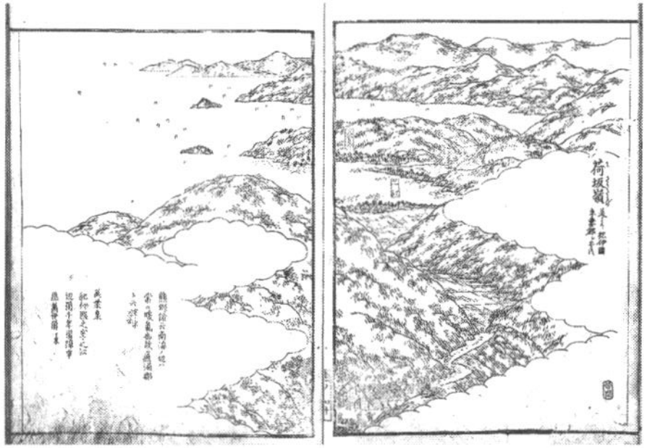

▲景色は今も昔も変わらない

木製道標

世界遺産の各峠道には100mごとに道標が設置されている。写真を例にすると6,300mの峠道のうち3,200m地点を示している。万一、事故などがあった場合は、この道標の位置番号を警察や消防に伝えよう。

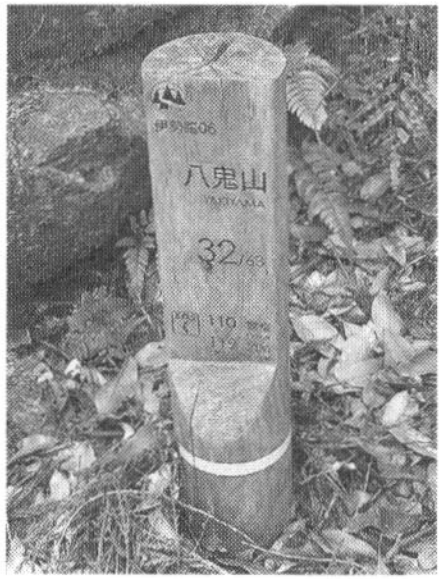

41道の駅 紀伊長島マンボウ

熊野参詣道から国道42号を挟んだ反対側、片上池の畔に建つ道の駅である。弁当、飲料、魚の干物、木工品などを販売しており、土産物は地方発送も可。また名物はマンボウで、串焼きや唐揚げを屋台で販売しているほか、食堂も併設されている。

▲珍味！マンボウの唐揚げ

住 北牟婁郡紀北町紀伊長島区東長島2410-73
☎0597-47-5444

庚申信仰《こうしん》

庚申信仰とは道教から発生した信仰だという。60日に1回巡って来る庚申の日に、人間の身に住む2寸ほどの虫(三尸《さんし》)が天帝のもとに帰り、その人の行いを報告することを防ぐため、村中の者が集い夜を徹して語り明かした、というものである。この祭礼は村中の人々の意思疎通をはかるのに役立ったという。熊野参詣道沿道では多くの庚申碑や庚申堂を見かけるが、それらが建てられるのは江戸時代に入ってからのことである。

42地蔵院庚申碑(紀北町指定文化財)

龍王山地蔵院の境内にある庚申碑である。三面六肘(顔が3つ、腕が6本)の青面金剛《しょうめんこんごう》童子が足元の邪鬼を踏みつけている。6本の手にはそれぞれ、法輪・弓・心に住む虫など、地域に忍び込む悪を退散させるための道具をたずさえている。碑の下部にはそれぞれ、目と耳と口をふさいだ三匹の猿が浮き彫りにされている。 元禄8年(1695)造立の優品である。

43 仏光寺 津波供養碑(紀北町指定文化財)

境内にある2基の津波供養碑は宝永4年(1707)と嘉永7年(1854)の津波の死者を供養するために建てられたものである。宝永4年の碑には、500人余りが流死したこと、今後大地震の時は津波が来るという覚悟をすべきことなどが記されている。嘉永7年の碑には地震と津波で203人が亡くなったこと等が記されている。宝永年間に比べて嘉永年間の津波による死者が半減したのは、あるいは宝永4年の碑のおかげで、津波の時には高いところへ逃げなければならないことを人々が知っていたからであろうか。

▲仏光寺山門

万一地震に遭遇したら

地震列島日本ではいつどこで地震に遭うか分からない。特に、熊野参詣道伊勢路がとおる紀伊半島沿岸は南海・東南海地震が起これば津波が襲ってくることが予想されている地域だ。沿道には今いる場所が海抜何mか、逃げる方向はどちらかを記した看板が多く設置され、避難場所への経路も整備されている。地震に遭遇したら、看板の誘導に従って、とにかく高いところへ逃げてほしい。

44 長島神社

長島の町中を街道筋に沿って歩いていると、右側に広い駐車場があり、その奥に巨大なクスノキが見える場所が長島神社である。江戸時代には牛頭天王社《ごずてんのうしゃ》とよばれ、紀伊長島の産土神《うぶすながみ》として崇敬を集めてきた。境内には、スダジイ、クスノキ、イヌマキ、スギ等の大樹に代表される暖地性植物群落があり、樹高40mのスギ、幹廻り10mにおよぶ樹齢千年といわれるスギ、クスノキなどがあって、三重県の天然記念物に指定されている。ここでは、朱印が頂ける。

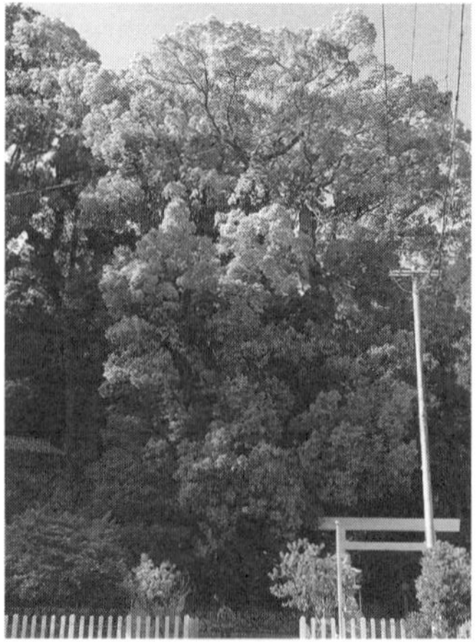

▲江戸時代の旅人も見上げたオオクス

▼ ツヅラト峠、島地峠ルート ▼

45 汲泉寺《きゅうせんじ》

梅ヶ谷を出てから10分ほどで、右側に見えてくる寺院。寺伝によると延文年中(1358～61)の開創といい、永正10年(1513)の銘を持つ雲板《うんばん》(三重県指定有形文化財)がある。戦国時代にはこの地を治めていた大内山但馬守の菩提寺となったといわれ、一族の墓と伝わる宝篋印塔《ほうきょういんとう》や五輪塔《ごりんとう》が残る。大内山氏は戦国時代に伊勢に勢力を張った北畠氏の重臣で、ツヅラト峠を越え、現在の紀伊長島方面にも出撃したとも言われている。

46 定坂三十三番観音

参詣道右側の小丘に並ぶ三十三体観音像である。西国三十三所観音霊場の札所になぞらえて観音像が順番に並べられている。観音像は昭和９年(1934)に地元の人々が造立したもの。

▲西国巡礼との縁を感じる観音像

47 ツヅラト峠道(国指定史跡)

栃古《とちこ》から志子へ抜ける峠道である。道幅が細いことから古い道の状況が遺されていると考えられる。江戸時代には街道筋から外れていた。最初は川沿いの緩やかな道が続き、峠まで最後の600ｍはかなり急な坂道となるが、峠からは紀伊長島の町や太平洋まで見渡すことができる。峠からの下りでは自然石を積み上げて作る野面積《のづらづ》みの石垣や、平たい石を敷き並べて作った石畳《いしだたみ》も見られる。この石畳は江戸時代前半に敷設された可能性がある。

▲ツヅラト峠展望台からの景色

48 有久寺《ありくじ》温泉

国道422号を志子から中桐に向かう途中、赤羽川を渡る橋の手前で看板が見える。この川沿いに約1.5km、約30分、山間に入ったところにある温泉である。秘湯愛好者の中ではよく知られた温泉で、西国三十三所巡礼ゆかりの花山法皇発見の湯と伝えられる。宿泊することも可能。

住 北牟婁郡紀北町有久寺　☎0597-47-2661

49 円通閣

中桐の集落にある観音堂である。本尊の聖観音像は安土桃山時代から江戸時代前期の作といわれ、また本堂入口の鰐口《わにぐち》は、寛文５年(1665)の銘を持つ。西国三十三所巡礼の「導《みちびき》観音」と呼ばれ、朝寝坊をして札所になりそこねたという言い伝えから「朝寝観音」「朝寝坊観音」などとも呼ばれる。

▲観音堂の建物も江戸時代前期

50 島地峠

中桐から一石峠の入口に向かうときに越える峠である。古道はこれまで発見されておらず、峠越えの車道を歩く。自動車はほとんど無く歩きやすいが、峠は切り通しになっていて見通しはきかない。峠までは登り20分、下り20分。峠道を下りきって、ＪＲの踏切を渡ると荷坂峠を越えてきたルートに合流する。

51 加田石仏道標(紀北町指定文化財)

島地峠越えのルートが荷坂峠越えのルートに合流する直前、JR踏切北側の祠に地蔵が祀られている。祠中央の地蔵は高さ75cm、安山岩製で延宝３年(1675)の銘がある。左端は花崗岩製の道標で、裏面に「左くまの道」と刻まれ、文化11年(1814)の銘がある。

▲旅人を見守る石仏

52 一石峠《いっこくとうげ》

紀伊長島から古里へ抜けるときに越える峠である。紀伊長島の町を抜け、長島造船の横を過ぎ、加田石仏道標を過ぎると、次第に上り坂になる。しばらく国道沿いに進んで、土産物屋の先を左へ下り、ＪＲの踏切を渡ると一石峠への道となる。一石峠への坂道は土道だが距離はさほどなく、登り下り合わせて30分ほど。峠から見通しはきかないが、古里の集落の入口まで下ってくると、リアス式海岸の多島海が集落の向こうに見わたせる。

▲古里の集落入口から眺める多島海

53 きいながしま古里温泉

▲温泉で疲れを癒やそう

平成８年(1996)にオープンした温泉。ナトリウムー炭酸水素塩温泉で源泉は34.0℃。神経痛、筋肉痛、関節痛、五十肩、冷え性、慢性皮膚病などに効果がある。古里の集落に宿泊すれば、どの宿からでも徒歩５分程度。

住 北牟婁郡紀北町紀伊長島区古里816

☎0597-49-3080

¥大人500円

54 古里から道瀬への遊歩道

江戸時代には、古里から道瀬へは山越えのルートがあり、鋸坂《のこぎりさか》または馬坂《うまさか》と呼ばれていた。この峠道は現在埋もれてしまって良く分からない。そこで、明治時代に開かれた海岸沿いの道を通るとよい。ここからは、「紀伊の松島」と呼ばれる熊野灘に浮かぶ島々の景色が見渡せる。道瀬の集落が近づくと、道標に従って途中で左におれ、階段を下りると若宮神社の横へ出る。ここから赤い鉄橋を渡ると、道瀬の集落だ。

55 三浦峠道(熊谷道《くまがやみち》)(国指定史跡)

道瀬から三浦へ抜ける峠道である。堤防を進み広い道路に出て、そのまま坂を上がると、左手に三浦峠道の看板があり林道の入口がある。さらに進むと左手に入る道がありここを

▲切り通しの三浦峠

登る。登り口までは道標があるので迷わない峠までは15分。上り坂はかなり急だが、下りは明るい林の中をゆるやかに進む。

中間地点キロポスト

始神峠道《はじかみとうげみち》にさしかかる直前にある平成の一里塚には、新宮まで82km、伊勢まで84kmという表示がある。伊勢から新宮までなら距離数としては半分を越えたことがわかる。熊野本宮までなら残り127kmだ。

56 始神峠道(国指定史跡)

三浦の集落を過ぎて、さしかかる峠道である。景色の美しい峠として知られ、冬の夜明けには海上に富士山が見えるという。もっとも富士山が実際に見えることはかなりまれ。もし見えたら、世界遺産から別の世界遺産を眺めることのできる、かなり珍しい体験ができることになる。

峠を越えたところで、道は江戸道と明治道に分かれる。江戸道を行くと急な坂道を下って国道42号に合流し、しばらく国道沿いを歩く。明治道は緩やかな坂道を下り、馬瀬の集落に至る。世界遺産に登録されているのは江戸道だが、明治道のほうが歩きやすい。

▲峠から紀伊の松島を眺める

57 海山《みやま》郷土資料館(国登録有形文化財)

船津を過ぎてしばらく、右側に建つ白い洋館である。明治43年(1910)に林業家の結婚披露宴会場として建てられ、その後別宅として利用されたという。建材には地元産のヒノキが使われ、細かな装飾が施されている。資料館には、この地域の民具や古文書が展示されているほか、庭には100種類を越える草花が植えられ、四季を通じて花を楽しむことができる。

住 北牟婁郡紀北町海山区中里96

☎0597-36-1948

▲モダンな明治の洋館

58 真興寺はまぐり石

境内にある巡礼供養塔で、もとは銚子川の川岸にあったという。花崗岩の自然石の中央に円形のくぼみをつくり、そこに観音菩薩坐像を半肉彫りにする。正面には、「順れい　蛤石　手引観音」という銘があり、造られた頃から「はまぐり石」と呼ばれていたことがわかる。天保11年(1840)、名古屋船入町の杉屋佐太郎が、番頭であった了義の菩提を弔うために造立したものである。

▲はまぐりは龍の化身で水の神様

59 道の駅 海山《みやま》

馬越峠道入口に近い道の駅である。食堂が併設されているほか、さんま寿司やめはり寿司といった郷土料理の弁当を買うことが出来る。このほか、地酒や海産物、木工品などの土産物も販売する。ここから馬越峠道入口までは徒歩５分。

住 北牟婁郡紀北町海山区相賀1439-3
☎0597-32-1661

60 馬越《まごせ》峠道（国指定史跡）

相賀《あいが》から尾鷲へ抜ける峠道である。相賀を出て銚子川を渡り、山越えにかかるとすぐに石畳道が始まる。およそ２㎞、約１時間にわたって急な登り坂が続く。坂道の途中には子どもの夜泣き封じに御利益があるという「夜泣き地蔵」や、一里塚跡などがある。

雨天や雨上がり後は石畳が滑りやすいので、雨がやむまで手前の相賀の集落に泊まって待つなど、注意が必要だ。

◀石畳道は熊野参詣道伊勢路のシンボル

61 馬越峠

江戸時代には間越峠とも書き、岩船地蔵堂と茶店があった。現在は可涼園桃乙《かりょうえんとういつ》の句碑（尾鷲市指定文化財）が残る。これは嘉永７年(1854)、可涼園桃乙の弟子たちが師匠を偲んで建立したもの。桃乙は近江国の俳人で、嘉永５年(1852)に熊野巡遊の旅に出たが、その途中尾鷲にとどまり、約１年間俳句の指導をしたという。句碑に刻まれる「夜は花の上に音あり山の水」の句は、峠を下り右側にある不動明王を祀った滝の元で詠まれたといわれる。

峠からは尾鷲の市街地と海が望める。

▲『西国三十三所名所図会』間越峠

62 天狗岩

馬越峠の左の山上にある巨大な巌《いわお》である。ここは修験道《しゅげんどう》の行場で、役行者《えんのぎょうじゃ》を祀った祠がある。巌の上に登ると尾鷲の町から海まで見渡せる。ここから岩屋堂を経て直接尾鷲へ下る道がある。なお、馬越峠から天狗岩への道は傾斜が急で道幅も狭いので、雨天時には避けた方が無難。

63 岩屋堂

自然の岩陰を利用した仏堂である。江戸時代には「天狗の岩窟《いわや》」と呼ばれ、小堂が建っていた。本尊の聖観音菩薩坐像は室町時代の造立。弘法大師の作という伝承がある。その周辺に安置される33体の石仏は西国三十三所観

馬越峠道の石畳

馬越峠をはさんだ両側2㎞の道は、かなりの部分に石畳が敷かれている。江戸時代の中頃に、街道を雨の浸食から守るために敷設された。山肌を削り込んでいる部分もあり、大規模な工事の状況がうかがえる。スギやヒノキの林の中を一直線に石畳が延びており、熊野参詣道伊勢路の代表的な景観として紹介されることも多い。

音霊場の本尊を模したもので、延宝7年(1679)発願の伝がある。西国巡礼者が立ち寄った場所であり、熊野参詣道伊勢路沿道の霊場の1つである。

▲神秘的な堂内の石仏

64 金剛寺

この地域には珍しい仁王門のある曹洞宗の寺院で、本尊は十一面観音菩薩。仁王門と仁王像はいずれも尾鷲市指定の文化財。

65 尾鷲神社

金剛寺の西側に鎮座する、尾鷲の氏神で、祭神は牛頭天王《ごずてんのう》(スサノオノミコト)。目印となる巨大なクスノキは三重県指定天然記念物。毎年2月1日から5日にかけて行われるヤーヤ祭は男達が激しく町を練り歩くことで知られ、中世以来の伝統的な姿を残しているとして三重県の無形民俗文化財に指定されている。

▲ランドマークのクスノキ

66 三重県立熊野古道センター

世界遺産『紀伊山地の霊場と参詣道』のビジターセンター。ここでは、熊野参詣道の全体像を知ることができるほか、この先の参詣道の情報を得ることができる。建物の建材はすべて地域特産のヒノキで、巨大な空間を直線的に構成する豪快な造り。参詣道から片道10分ほど、見学してから八鬼山《やきやま》道に向かうのなら、約2時間見ておくと良い。

住 尾鷲市向井12-4　☎0597-25-2666

¥ 無料

尾鷲

伊勢からちょうど100km、この地域の中心となる町である。尾鷲は江戸時代、大坂と江戸を行き来する船の風待ち港として栄えた。商家や工房が建ち並び、旅籠や食事処が多く、大変な賑わいであったという。現在でもホテルや旅館など宿泊施設も多く、医療機関やスーパーも整っている。また、駅前の商店街には居酒屋も多く、夜になると賑わう。尾鷲から新宮までは66km、本宮までは111km。

江戸時代から尾鷲は林業の町として知られ、現在でも尾鷲ヒノキは地域を代表する特産品。また、天然の良港を背景に古くから漁業も盛んで、水産品の加工業も盛ん。魚の干物や鰹の生節は土産物の定番で、新鮮な魚介類を楽しめる寿司屋も多い。

67 夢古道おわせ

熊野古道センターに隣接して設けられている施設。地元の食材を地元の主婦が調理した「お母ちゃんのランチバイキング」や、尾鷲の沖から汲み上げた海洋深層水を使った風呂があり、土産物も販売している。

■お母ちゃんのランチバイキング
営11:00～14:00　¥大人 1,200円
■海洋深層水風呂
営10:00～21:00　¥大人 600円

68ぬし熊

　山で働く山師が利用した弁当箱「尾鷲曲げわっぱ」を作る工房兼販売店舗。山師は味噌を入れた曲げわっぱに水を注ぎ、そこに焼けた石を入れ味噌汁を作ったという。今でも実用性があり、漆が薄くなってきたら塗り直してもらえる。弁当箱のほか、コーヒーカップなどある。郵送も可。

住 尾鷲市向井493-15　☎0597-22-9960

▲購入すれば一生モノ

旅のたのしみ、「食」を楽しむ

　歩き旅で最大の楽しみは1日3度の食事だ。江戸時代の旅人も道中で食べたものの記録を残している。たとえば紀伊長島では漁で獲れたカツオを鰹節にしている記録があるし、熊野市木本町《きのもとちょう》ではマグロを解体して売っている様子を描いた絵も残っている。また、浜で鯛を買い、宿で料理して貰ったと旅日記に記すものもある。もちろん、巡礼旅なので精進潔斎のため肉・魚を口にしない人もいた。

　現代人の私たちが歩き旅をするのなら、やはり各地域で郷土料理や特産品を口にしたい。

　たとえば、伊勢平野の日本酒、中山間部の日本茶、大内山の乳製品。紀伊長島からは海の幸が楽しみだ。マグロ、カツオ、タイ。他では珍しいマンボウやウツボもこの地域ではよく食べられる。

　海沿いでは料理自慢の民宿も多く、頼めば舟盛りもしてくれる。尾鷲のような大きい町だと寿司屋もあって、選択肢は広がる。「さんま寿司」は郷土料理の代表でよく見かけるものだ。

　熊野市から紀伊山地の中へ入っていくと、山の幸が多い。豚肉や地鶏のほか、シシ肉やキジ肉を使った鍋も名物で、高菜の漬物でおにぎりを包んだ「めはり寿司」もこの地域の郷土料理だ。みかんの栽培も盛んで、道中の無人販売所で手に入る。

　旨い夕飯を楽しめば、また翌日元気に歩くことが出来るだろう。

▲アカウニは夏の旅人へのご褒美

69民謡尾鷲節歌碑

「ままになるならあの八鬼山を鍬でならして通わせる」という、尾鷲節の一節が刻まれている碑である。この民謡は江戸時代、矢浜村の宮大工の弟子・喜久八と八鬼山を隔てた三木里の庄屋の娘・お柳《りゅう》との悲恋を唄ったもの。尾鷲節は今でも愛好されており、現在でも毎年尾鷲市で全国尾鷲節コンクールが開催されている。石碑は昭和32年(1957)年に造立された。

尾鷲から八鬼山を越え

花の窟《いわや》へ

山を越えて海沿いの集落へ、さらに山越えへ。急峻な上り坂をひたすら進むと峠では美しい海の景色に出会える。坂を下ると海沿いのわずかな平地に肩をよせあって家々が立ち並ぶ集落に着く。山々を越え七里御浜《しちりみはま》へ下るとそこは熊野の入口。花の窟は熊野で最初にであう聖地である。

花の窟

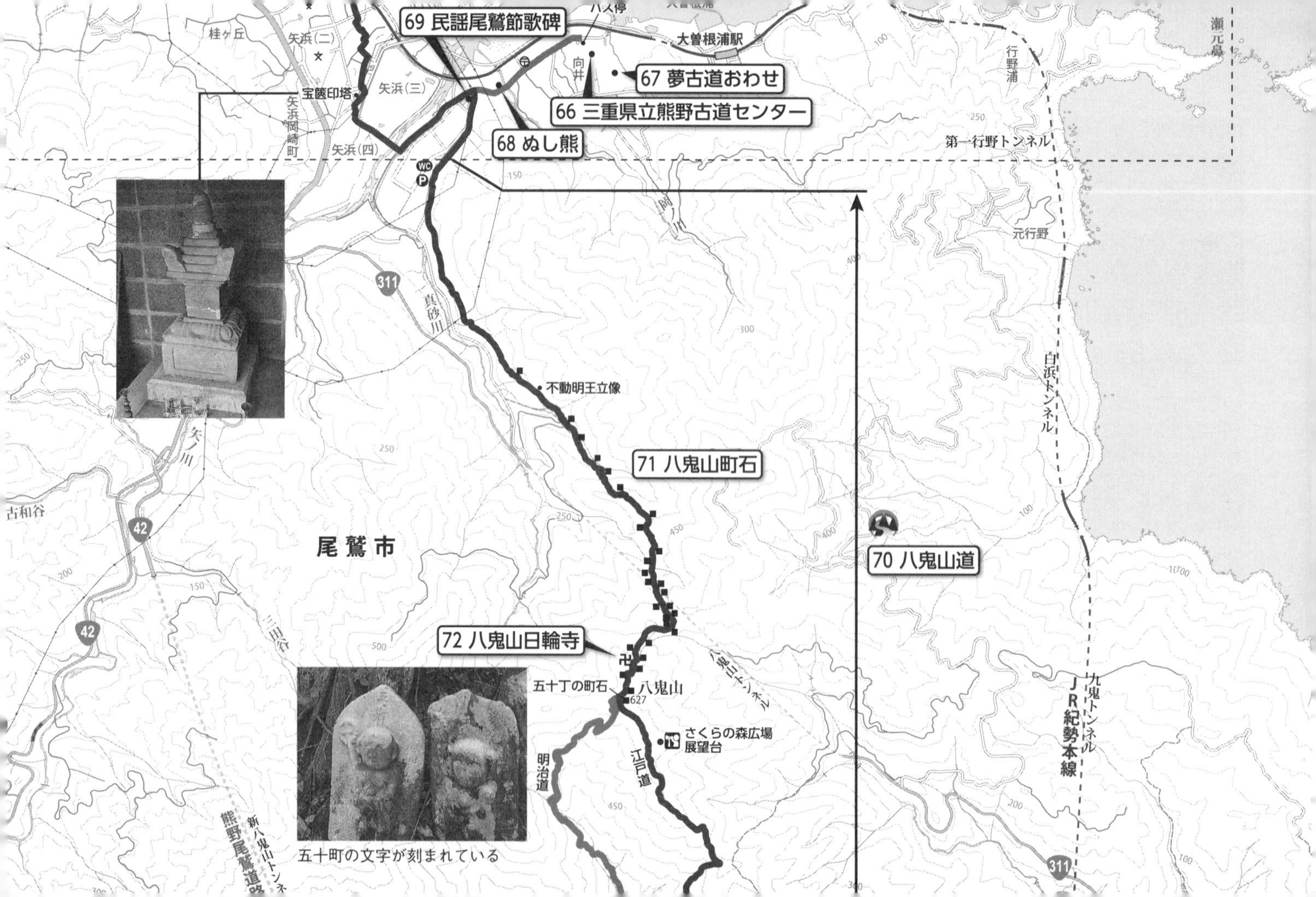

五十町の文字が刻まれている

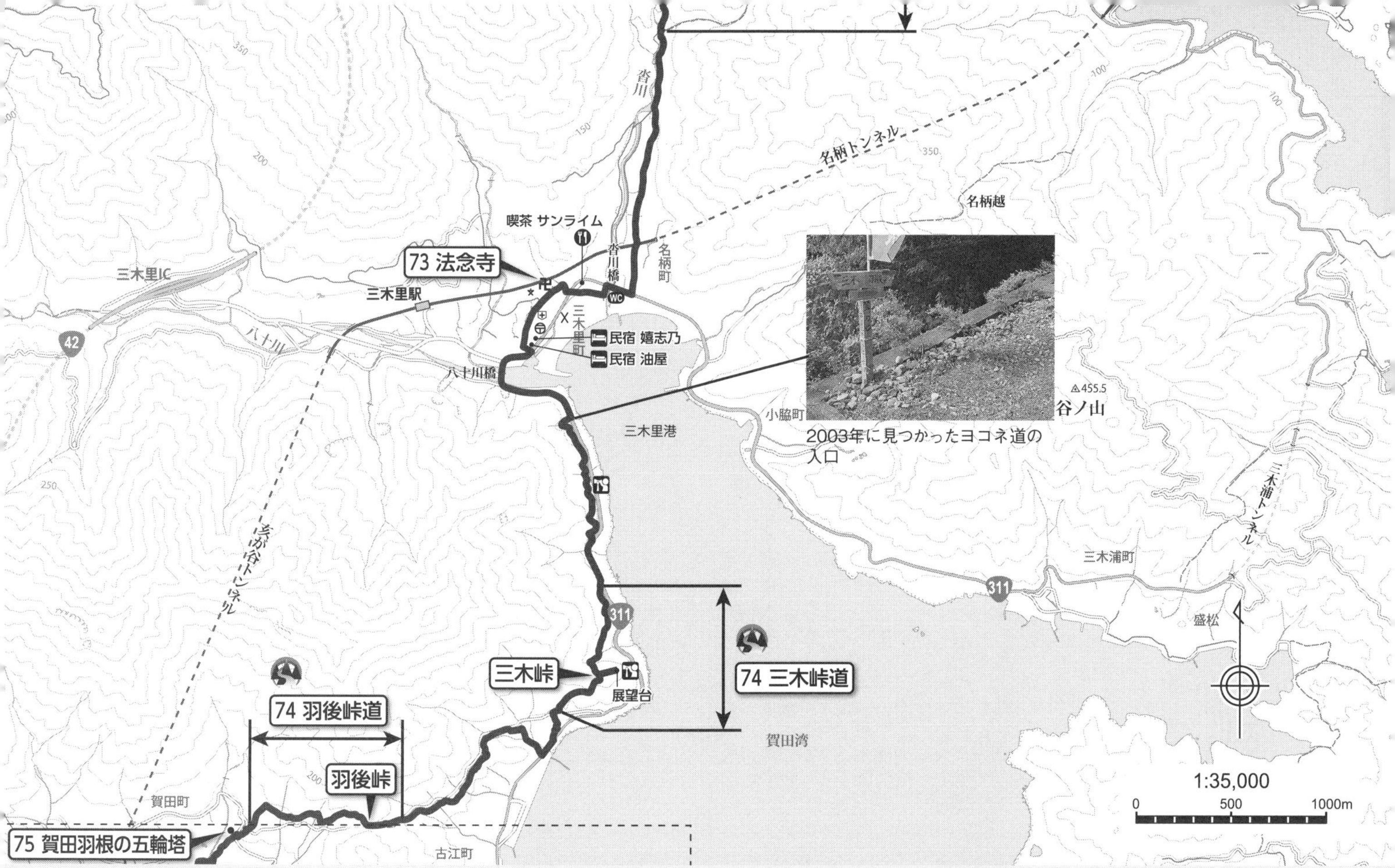

2003年に見つかったヨコネ道の入口

9 民謡尾鷲節歌碑 —4km 135分— **八鬼山日輪寺** —4km 120分— **法念寺** —2.4km 90分— **三木峠（120M）** —2km 105分— **羽後峠（140M）** —0.7km 40分— **賀田羽根の五輪塔**

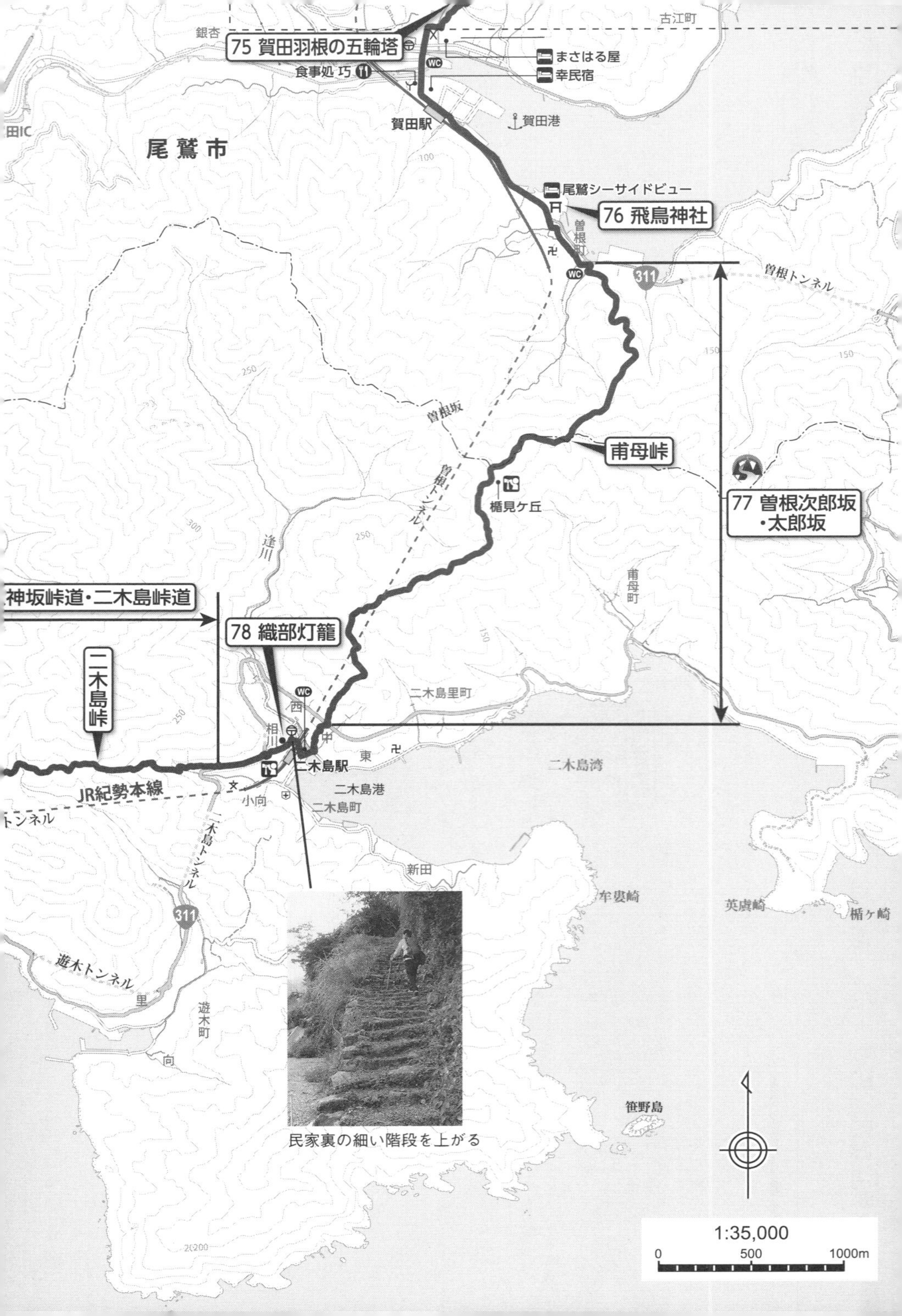

民家裏の細い階段を上がる

⑩ 賀田羽根の五輪塔 —1.4km 50分— 飛鳥神社 —1.7km 45分— 南母峠(305M) —2.8km 110分— 二木島 —1.4km 75分— 二木島峠(240M) —0.7km 30分— 逢神坂峠(290M) —1.7km 45分— 新鹿 —1.6km 45分— 西行松の跡

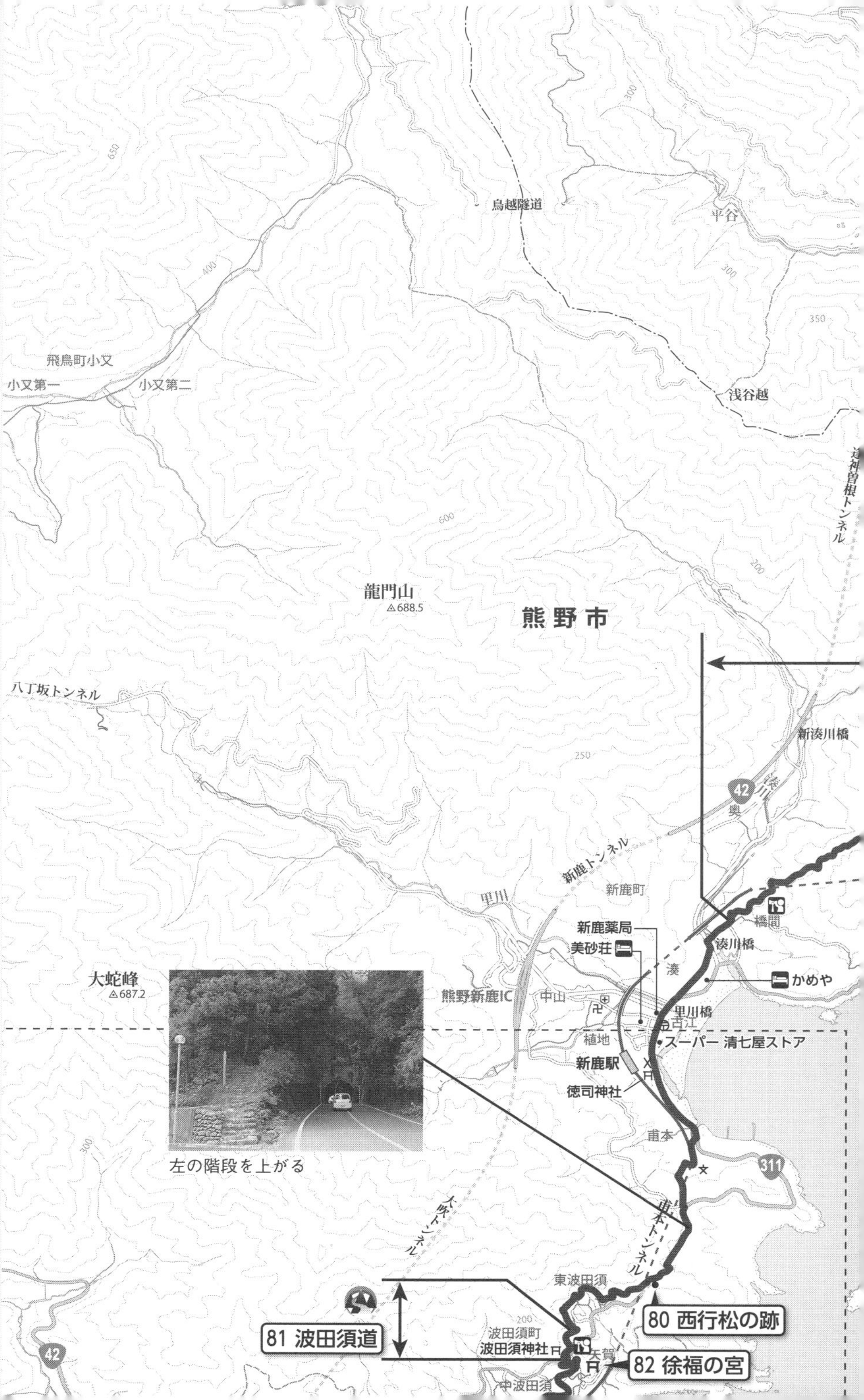

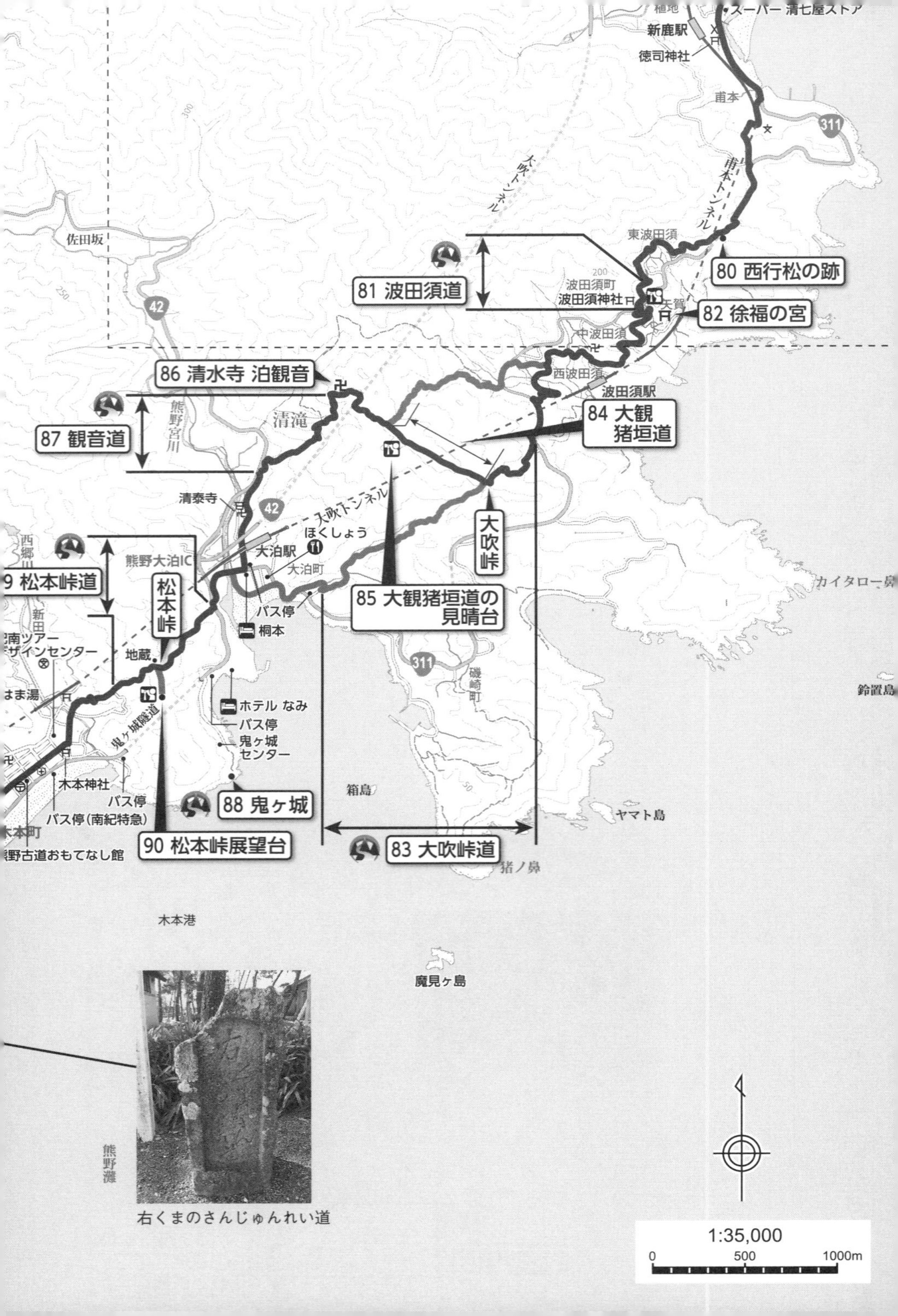

右くまのさんじゅんれい道

⑪ 西行松の跡 — 3.1km 120分 — 大吹峠 (205M) — 0.9km 60分 — 清水寺 — 1.9km 70分 — 松本峠 (135M) — 1.2km 45分 — 熊野市駅方面分岐点 — 1.4km 60分 — 花の窟

松本峠のお地蔵さま

70 八鬼山道《やきやまみち》(国指定史跡)

かつて「西国一の難所」と呼ばれた八鬼山道。わずか6.3kmの距離で約600mの標高差を登り下りする。尾鷲で体調を整えたら、朝から登り始めよう。道沿いにたたずむ地蔵を見ながら歩みを進め、途中の八鬼山日輪寺で手を合わせれば、景色の美しい峠の桜の森広場はもうすぐ。足元に用心しながら坂道を下れば、三木里の集落へ出るはずだ。道はかなり険しいので決して無理はしないこと。一歩の幅を狭くして、ゆっくり歩めば良い。

71 八鬼山町石《ちょういし》

八鬼山道では所々で地蔵を目にする。この地蔵にはよく見ると、「十七」「四十六」といった数字が刻まれているものがある。これらは麓からの距離を示しており、これを「町石」と呼んでいる。

この町石は、安土桃山時代の天正17年(1589)頃に伊勢の人々が中心になり造立したもので、戦国時代に途絶えていた伊勢神宮の式年遷宮復活に重要な役割を果たした慶光院清順上人と関係があると考えられている。

ところで、江戸時代の旅行案内書には、八鬼山道は「登り五十丁、下り三十八丁」と紹介されていて、峠は麓から50丁の位置にあるとされている。今でも峠には「五十丁」の文字が刻まれた地蔵が立っている。

▲400年旅人を導く町石地蔵

72 八鬼山日輪寺

八鬼山道の上り坂の途中にある小堂である。この堂は西国三十三所の前札所として崇敬を集めたところで、本尊の三宝荒神《さんぼうこうじん》像は天正4年(1576)の銘がある。江戸時代にはこの小堂に隣接して茶店があり、餅を売っていたことが多くの道中日記に記されている。茶店の主は三宝荒神堂の堂守をつとめていた山伏で、ある時追い剥ぎを成敗し、お上から褒美を受け取った記録がある。

▲『西国三十三所名所図会』八鬼山日輪寺

猪垣《ししがき》

田畑を荒らすイノシシが山を下りてこられないように築かれた石垣で、山中の沿道で見られる。羽後峠道では規模の大きな猪垣がある。

◀万里の長城のような石積み

73 法念寺《ほうねんじ》

三木里の集落にある曹洞宗の寺院。この寺院の本堂裏手にある池には鉄魚《てつぎょ》という魚が棲んでいる。金魚とギンブナの交配によって発生したと考えられており、三重県指定の天然記念物である。法念寺では朱印が頂ける。

74 三木峠道・羽後《はご》峠道（国指定史跡）

三木里から賀田《かた》に抜ける峠道である。標高は低いが、坂道は急である。『西国三十三所名所図会』では、「陸路《くがじ》二里」と記され、峠の名前は記されていない。三木峠には展望台があり、賀田湾を望む事ができる。

八鬼山を越えた詩人たち

西国一の難所と恐れられた八鬼山越え。その険しさを記すものは多い。

松尾芭蕉の門人で、芭蕉の死後、江戸の俳句界を室井其角と二分した服部嵐雪は宝永2年（1702）、伊勢参宮につづき熊野路へ向かい、八鬼山越えにかかった。嵐雪はその著書『その濱ゆふ』で、次のように記している。

「5月3日、八鬼山にかかる。それぞれ、まだ足を踏み入れる前から膝が震え、目が回るようだ。50町を登り、38町を下る。蛇抜けといって、高い山の頂きから清水が伝い落ちる滝のような岩の上を登ると、左右から萱草が覆いかかり、笠にヒルが降ってくる音も途切れない。前後霧に包まれて、旅の同行者がどうなったかも分からない。山伏が腰につけているホラ貝は、こういった時に役立つのだろう。沢水が冷たいのに救われたと飲み干すが、もう一度この道を越えようと思う者は一人もいない。難所として知られる小夜の中山や宇津の山、箱根、鈴鹿もここに比べれば普通の平地のようなものである。

ほの明の蛍ひとつや南無大悲　百里

眉間迄四十八町鬼あざみ　全阿」

（現代語訳）

百里、全阿は嵐雪の同行人で、嵐雪自身は八鬼山では俳句を詠んでいない。よほどこの八鬼山越は辛かったように見える。

それから約90年後の寛政8年（1796）、越後出身の鈴木牧之《ぼくし》がこの八鬼山越えをし、『西遊記神都詣西国巡礼』で次のように記している。

「八鬼山峠、これは西国1、2を争う難所で、登り下り50丁ずつ、非常に険しい道のりなのに、土地になれている様子の地元の山仕事をする女性は、故郷越後の男性にもまさるほどの柴を肩にかつぎ、見た目もまったくすごい形相である。

八鬼達の子孫か賤の力業

同じ絶頂の茶店にて

春寒し見おろす海の果てしなき」

（現代語訳）

鈴木牧之の八鬼山越に対する印象は嵐雪に比べてよほど明るい。地元の女性達の力強さに驚き、峠の茶店で海がどこまでも続く様を目にして、肌寒い春の風もあってか、身震いするかのような情景をうたっている。嵐雪の記す思わず神仏にすがりたくなるような恐怖感は微塵も感じられない。2人の八鬼山に対する印象の違いは、2人が旅した季節に起因するものなのか、あるいは、90年の間に八鬼山道の改修が行われ歩きやすくなったということを示しているのか、現時点ではよくわからない。ただ、八鬼山道が急峻な道であったからこそ、2人の詩人の印象に残ったことだけは確かである。

▲さくらの森広場から見おろす海

75 賀田羽根の五輪塔

賀田羽根はこのあたりの地名である。五輪塔は球形の水輪を欠くが、方形の地輪に「寛永十八辛巳年／慈長道善禅定門／淡州」と刻まれており、今の兵庫県淡路島出身の修験者の供養塔と考えられる。熊野参詣道沿道の供養塔としては寛永18年(1641)にさかのぼる古いもので貴重だ。

76 飛鳥《あすか》神社

祭神は速玉男命《はやたまおのみこと》、事解男命《ことさかおのみこと》、譽田別命《ほむたわけのみこと》。名前の「飛鳥」は新宮の「阿須賀《あすか》神社」の事とされる。一説には古代には海の礼拝所であったという。江戸時代にはここが三木里《みきさと》からの船着場で、旅人は下船後この神社に参拝してから熊野を目指した。神社を覆う巨木は、紀伊半島南部海岸林を代表するものとして三重県の天然記念物に指定されている。

▲飛鳥神社の巨木

渡し船と西行

年経たる浦の海人《あまひと》こととわん　波を潜《かづ》きて幾よ過ぎにき

黒髪は過ぐると見えし白波を潜《かづ》き果てたる身には知れ海人《あま》

放浪の歌人西行は、源平が争う戦乱で多くの人々が亡くなる中、新たな身の置き場を求めて治承4年(1180)、修行を繰り返した高野・熊野から伊勢へ移った。この時、西行63歳。彼は、曽根から三木里へ渡る船を手配した浦人を呼び寄せて、この歌を詠んだ。年老いた海人に自らの境涯を重ね合わせる西行の姿が見えるようである。

77 曽根次郎坂・太郎坂(国指定史跡)

曽根から二木島《にぎしま》へ抜ける峠道である。峠道の距離は約4km、標高は305m。曽根次郎坂・太郎坂とはいうものの、峠が2つあるわけではなく、峠の名前は「甫母峠《ほぼとうげ》」という。次郎・太郎は、「自領・他領」がなまったものであると言われ、自領は曽根、他領は甫母の集落を指すとも、ここがかつての志摩国と紀伊国の国境であり、自領は志摩国、他領は紀伊国であるとも言う。

「王子」と海の信仰

熊野詣が都の皇族や貴族の間で流行した平安時代の終わり頃から鎌倉時代、京都から熊野へと向かう紀路《きいじ》と呼ばれた参詣道沿いに、無数の熊野の御子神《みこがみ》が勧請《かんじょう》され、祀られていた。これらが熊野九十九王子《くじゅうくおうじ》である。

一方、熊野三山成立以前から、紀伊半島は超人的な力を得るため、修行をする場所であった。一説には、海を望む巨大な岩場や洞窟もそうした行場で、海の向こうにあるという「常世《とこよ》の国」を礼拝していた場所が、海沿いの「王子」であるというのだ。「常世の国」に対する信仰は、海から幸いをもたらす恵比寿信仰や、中国の徐福伝説とも習合していったという。熊野参詣道伊勢路沿いの曽根の飛鳥神社や波田須《はだす》の徐福の塚、熊野市の花の窟、王子の窟などは、海の信仰と結びつくというのだ。熊野参詣道伊勢路の「王子」は、遙かなる昔の信仰の形を今に伝えているのかも知れない。

江戸時代、峠には茶屋があり、「ホウチ茶屋」「法華茶屋」「榜示茶屋」などと呼ばれていた。宝暦7年(1757)の銘がある地蔵が祀られている。

▲峠の地蔵は親しみ深い顔つき

二木島《にぎしま》祭り

曽根次郎坂・太郎坂を下って到着する二木島に伝わる祭りである。この祭りは、二木島湾の入口に建つ室古《むろこ》神社と阿古師神社から五色のまん幕に吹き流しを飾った豪華な関船《せきぶね》が各一隻湾に出て競漕する行事で、毎年11月3日に行われ、三重県の無形民俗文化財に指定されている。祭りは周辺の過疎化から、平成22年(2010)を最後に行われていない。

78 織部灯籠《おりべとうろう》

二木島峠の入口付近右側には、庚申塔に並んで、織部灯籠の竿(脚)の部分だけが祠の中に祀られている。織部灯籠は「キリシタン灯籠」とも呼ばれ、竿の部分に半肉彫《はんにくぼり》にされた人物像がマリア像として解されることがある。

▲左は庚申塔、右が織部灯籠

79 逢神坂《おうかみざか》峠道・二木島峠道(国指定史跡)

二木島から新鹿《あたしか》に抜ける峠道である。峠が2つあり、手前から二木島峠、逢神坂峠と呼んでいる。江戸時代には、この間の峠道をまとめて「相神坂」「大亀坂」「狼坂」と呼んでいたようだ。この峠道も石段や石畳が続く。

80 西行松の跡

新鹿を出発して波田須に向かう途中、切り通しを越えた場所が、「西行松」の場所である。

新鹿《あたしか》

比較的規模の大きな集落である。砂浜が美しく、夏は多くの海水浴客で賑わい、民宿も多い。宿の探しやすい集落である。町中には郵便局やスーパーもあり、休憩するには良い場所だ。この先、波田須、大泊を経て熊野市の中心である木本《きのもと》までは1日の行程。

地元の子どもとのやりとりに自らの才能の無さを嘆いた西行がこの松の場所で引き返したという伝説がある。現在、松はなく、案内の看

▲『西国三十三所名所図会』西行松

板が立っている。西行松の跡から先には、高原のように明るい場所に東波田須の集落が広がる。

81 波田須《はだす》道（国指定史跡）

東波田須の集落から波田須の集落へ抜ける道である。約300 mの区間が世界遺産に登録されている。傾斜が緩やかなため、石段の幅が広い部分がある。なお、波田須道は鎌倉時代の造成と説明されることがあるが、裏付ける資料はなく、江戸時代頃の造成と考える方が自然である。

82 徐福の宮

徐福を祀る祠である。徐福は中国を初めて統一した秦の始皇帝の命をうけて不老不死の薬を探すため、東海に船出したという人物で、

▲巨大なクスノキが印象的

波田須には、徐福が漂着したという伝説が残る。一説に波田須は「秦住《ハタスム》」からなまったものであるともいう。「徐福漂着の地」という伝説は日本全国にあり、新宮にも徐福の祠がある。

83 大吹《おおぶき》峠道（国指定史跡）

波田須から大泊《おおどまり》に向かう峠道である。江戸時代には「大引峠」とも呼ばれた。登り口からしばらくは石段の急勾配が続き、20分ほどで峠に着く。峠付近には青々とした竹林が茂る。峠からまっすぐ下れば大泊はすぐ。熊野参詣道伊勢路全行程の中でも、竹林の中を歩くのは珍しい。峠に大観猪垣道の入口がある。

▲竹林の中を行く大吹峠道

84 大観猪垣道《だいかんししがきみち》

大吹峠から北側、観音道へ抜ける尾根道。道は細いが、道標や木製の階段が設置され、十分整備されている。道の途中には山の神の祠や大規模な猪垣がある。ただし、この道は道幅が狭く傾斜も急なので、雨天時は避けた方が無難。

85 大観猪垣道の見晴台

大吹峠から観音道への途中にある展望台。鬼ヶ城《おにがじょう》、松本峠、七里御浜《しちりみはま》を一望に見おろすことができる。伊勢から熊野までの旅路の中で、七里御浜《しちりみはま》を初めて眺めることが出来る場所である。

▲松本峠を見おろす展望台

86 清水寺《せいすいじ》 泊観音《とまりかんのん》

観音道の峠付近に位置する。坂上田村麻呂《さかのうえのたむらまろ》建立の寺伝を持ち、江戸時代の道中案内にも、「田村丸こんりう」の寺と記されている。

寺伝によれば、坂上田村麻呂が黄金の持念仏《じねんぶつ》を納めたという洞窟があり、その入口に小堂が建てられたとされる。

昭和39年(1964)に廃寺となり、本尊の千手観音像は麓の清泰寺《せいたいじ》に移された。

▲清水寺に残る地蔵

87 観音道(国指定史跡)

波田須から大泊へ抜けるもう一つのルートが観音道である。観音道の名前の由来は、清水寺泊観音から。江戸時代には大吹峠を通らず、波田須から直接観音道を通って大泊へ抜けるルートも利用された。大観猪垣道を通ると、観音道の峠付近に合流する。

清水寺にまつわる伝説

『西国三十三所名所図会』が紹介する「清水寺縁起」には次のような伝説が記されている。

「平城天皇の時代、諸国に鬼神魔王が蜂起して国土を悩まし人々を苦しめた。そこで天皇は坂上田村麻呂を伊勢へ向かわせ、これを退治させた。八鬼山、九鬼(尾鷲市九鬼町)、三鬼(尾鷲市三木里町)はその場所である。しかし、鬼をすべて討ち果たすことは出来ず、深い山々の何処にか飛び去ってしまった。そこで坂上田村麻呂は高い山に登り、一心に<観音様>と唱えると、天女が忽然と現れて「ここから南の海辺に岩屋がある。鬼はそこに隠れている。行って討ち果たすが良い。私は、大馬権現《おおまごんげん》である」と言って白馬に乗って西の方へ飛び去った。坂上田村麻呂は急ぎ甲冑を着て、兵士を率いて鬼の住む岩屋、鬼ヶ城に向かったが、岩が高くそびえ、波は荒く、攻め寄せることが出来ない。このとき、沖にある小さな島の上に童子が現れ手招きをした。不思議に思いながらも船をその島に漕ぎ寄せ、童子に拝礼をした。すると、その童子は手を上げて舞い始め、軍勢もともに舞い遊んだ。鬼がこれに思わず心を奪われ、岩屋の扉を開けた瞬間、坂上田村麻呂は矢を放ち、見事これをしとめた。この島を魔見《まみる》ヶ島《しま》という。すると童子はたちまち光を放って北の方の山へ飛び去った。その場所を探して山に登っていくと、3m四方の岩があり、その中に丸い洞穴があった。紫雲が空にたなびき、芳香が辺りにただよい、まさに清浄なる場所である。坂上田村麻呂は子どもの頃から守り本尊として持ち歩いていた5㎝ほどの金の千手観音像をこの洞穴に納め、治国平天下を祈り封じた。その後勅命を受けて大同4年(809)年に清水寺が建立された。鎮護国家の霊場である。京都にある音羽山清水寺《きよみずでら》に似ていることから比音山清水寺《ひおんざんせいすいじ》と号する。坂上田村麻呂はその後、東北まで出向き、鬼の退治をし、天下無双の功績をあげたが、それもみなこの尊像のご加護のおかげである。よって、一度でもこの尊像に結縁のあるものは現世安穏と暮らすことができるのは間違いない。」

征夷大将軍として知られる坂上田村麻呂は、西国三十三所観音霊場第十六番札所である京都の清水寺を創建に関わった人物としても知られている。京都の清水寺には音羽の滝があるように、この泊観音の下にも清滝という滝がある。本尊は京都の清水寺もこの泊観音もいずれも千手観音だ。田村麻呂の伝説、美しい滝、千手観音。泊観音清水寺は西国三十三所観音霊場との関わりの中で、人々の信仰を集めたのである。

清水寺泊観音から、大泊までの道沿いには、西国三十三所観音霊場になぞらえて、三十三体の観音像が並べられている。この観音像は、熊野市の中心である木本や、和歌山県の新宮、太地《たいじ》の人々が寄進したもので、昭和10年(1935)頃に造立された。伊勢から熊野へ向かう巡礼者が姿を消してからも、紀伊半島南部の人々の信仰を集めていたことが良くわかる。

▲石畳の道沿いに並ぶ観音像

88 鬼《おに》ヶ《が》城《じょう》(国指定天然記念物および名勝)

東西1.2kmにわたって連なる石英粗面岩の大岩壁である。半ドーム状の岩壁は波と風の浸食によって、階段状の平坦面は数回にわたる急激な地盤の隆起によって形成されたものである。天井部には蜂の巣状の風蝕痕が見え、床面は板のように平らな棚となっている。坂上田村麻呂が対峙した鬼が住んでいたという伝説の地にふさわしい独特の景観だ。松本峠への入口を過ぎて国道42号沿いに熊野市方面へ進むと、左手に入口がある。

¥ 無料

▲屋根のような岩のドーム

89 松本峠道(国指定史跡)

大泊から木本に抜ける峠道である。浜街道を南にくだり、まっすぐ熊野速玉大社の鎮座する新宮に向かうなら、この峠を越えると新宮まで峠はない。石畳道で一直線に登っていくため傾斜は急だ。

江戸時代には「木本峠」と呼ばれていたのだが、いつの頃からか「松本峠」と呼び名が変わった。峠には高さ1.8m程の大きな地蔵が竹林に囲まれて立っている。峠からの見晴らしはきかない。

▲松本峠道

90 松本峠展望台

峠から左へ入っていく道があり、5分ほど歩くと、東屋がある。東屋からは七里御浜と熊野市の中心、木本の集落、さらに天気が良けれ

▲『西国三十三所名所図会』七里御浜

ば新宮まで見渡せる。

91 七里御浜《しちりみはま》（国指定史跡）

七里御浜は木本から20kmにわたって太平洋岸に続く海岸線である。木本町から新宮までの街道として利用されていた。松並木と砂浜、広々とした海原が独特の景観をつくっており、江戸時代から絶景として知られていた。現在、七里御浜の海岸は吉野熊野国立公園の特別地域となっている。

92 獅子巖《ししいわ》（国指定天然記念物および名勝）

木本の南方、井戸川河口に近い海辺にある。南側から見ると、あたかも獅子が太平洋に向かって吠えているように見える。この獅子巖は井戸川の上流4kmの所にある大馬神社の阿形の狛犬であるとして、大馬権現の二王石とも呼ばれた。高さ25mの石英粗面岩塊で、鬼ヶ城と同じく、波の浸食と土地の隆起によって形成された奇観である。

▲回り込んで後ろを振り返ると獅子が見える

熊野参詣道はこの場所の手前で砂浜へおり、獅子岩の海側を回り込む。江戸時代には浜が狭く難所で、荒波に人がさらわれることもあったという。

93 花の窟《いわや》（国指定史跡）

花の窟は高さ約45m、海岸沿いにそびえる巨岩である。凝灰岩のため岩壁は白く見え、風化によって形成された窪みが多く見られる。この巨岩は御神体と見なされ、南側に玉垣を巡らせ中央に巨大な幣《ぬさ》を立てた拝所が設けられている。祭神は伊弉冉尊《いざなみのみこと》。その向かい側にも高さ18mの巨岩があり、こちらは王子の窟と呼ばれている。祭神は、軻遇突智神《かぐつちのかみ》、火の神である。

木本町《きのもとちょう》

木本は現在の熊野市の中心である。『西国三十三所名所図会』には「木本の町はこの周辺では飛び抜けて賑やかなところであり、海岸なので魚が多い。特に大きなマグロを軒先に並べて売る店がそこかしこにあり、実に珍しい。このような様子を見ることが出来るのは、西国巡礼道中でもここだけだ」と書かれている。

熊野参詣道沿いには古い町家が残り、街道筋の雰囲気をよく残している。市の中心街にはホテル、食堂、居酒屋のほか、大型スーパーや病院、薬局もそろっている。

▲『西国三十三所名所図会』木本

花の窟にまつわる伝説

花の窟は古代から人々に聖地として知られていた場所である。『日本書紀』には次のような記述がある。

「伊弉冉尊《いざなみのみこと》が火の神をお産みなさったとき、火に焼かれて亡くなった。そこで、紀伊国熊野の有馬村に葬った。現地では、この神の魂をお祭りするのに、花の時に花を用いてお祭りする。また太鼓や笛をならし、幡旗《はた》を振り、歌い踊って祭るという」。

花の窟では、毎年2月2日と10月2日に「お綱かけ神事」が行われる。梅・椿・菊等の季節の花や扇を吊るした幡形をくくりつけた100尋の長さの綱を、岩壁の頂上から50m程離れた松の大木の梢に張る。その際、老若男女が綱を海岸へ曳いていく。この神事は日本書紀の記述を彷彿とさせることから、花の窟が伊弉冉尊の墓と考えた人もいた。

たとえば、江戸時代の国学者・本居宣長もその一人で、「紀の国や花の窟にひく縄のながき世絶えぬ里の神わざ」(紀伊国の花の窟で長い縄を引くという神事は、その綱の長さほど長い時間絶えること無く里の人々によって伝えられてきた。これを神わざといわずにおれようか)という歌を残している。

花の窟は千年の時を越えて、祈り伝えられる聖地なのである。

▲千年の霊場ー花の窟

熊野と大陸文化

「熊野」というと非常に日本的な世界を想像するが、実は大陸文化と深い関係がある。熊野三山、高野、吉野・大峯をはじめとした霊場は、そもそも、日本古来の文化と大陸から伝来してきた文化との融合の上で成立してきたものなのだ。

たとえば、今でも多くの道者が修行を行う「修験道」は、日本古来の山岳信仰に、インドで誕生した仏教の一派である密教や、中国で誕生した民間信仰の道教の思想などを採り入れて今からおよそ1000年前に成立したものだ。

さらに、熊野三山そのものも、個別の自然崇拝に起源を持ちながら、神と仏が一体のものとして見なす神仏習合の影響をうけて熊野三所権現として信仰されるようになり、熊野三山の主祭神はそれぞれ、阿弥陀如来、薬師如来、千手観音とみなされて、信仰を集めるようになったものだ。

特に、熊野那智大社と一体の寺院として発展してきた青岸渡寺は、西国三十三箇所観音巡礼第一番札所としても名高い。

このようにしてみてみると、「熊野」はけっして大陸文化を排除するものではなく、むしろ、日本古来の文化と大陸文化との交渉の中で成立してきたものなのだ。

四區

花の窟から本宮道《ほんぐうみち》をへて熊野本宮へ

熊野本宮へ向かう道は、花の窟で西へ進路をとり、紀伊山地の山中へと入っていく。伊弉冉尊《いざなみのみこと》ゆかりの産田《うぶた》神社に立ち寄り、横垣峠で熊野灘をはるかに望み、風伝《ふうでん》峠を越える。丸山千枚田をながめ、楊枝《ようじ》で熊野川を渡って峠を越えれば、熊野本宮は指呼の距離。無事に熊野本宮への参拝をかなえたら、湯の峰温泉に足を伸ばして疲れを癒やそう。熊野三山へたどり着く伊勢路最後の一段である。

熊野川にうかぶ大斎原《おおゆのはら》

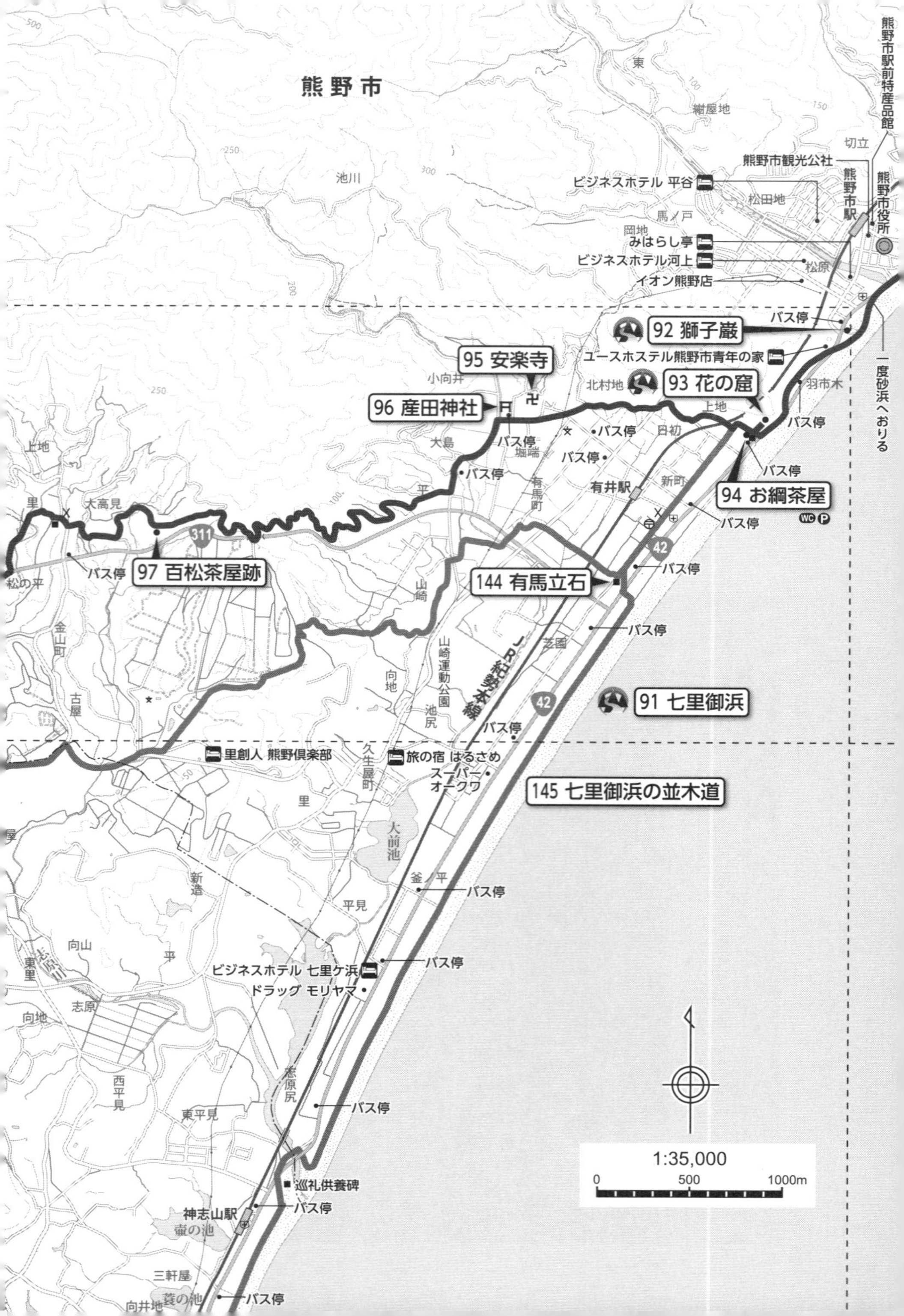

熊野市
熊野市駅前特産品館
東
紺屋地
切立
熊野市観光公社
ビジネスホテル 平谷
熊野市駅
熊野市役所
池川
松田地
馬ノ戸
岡地
みはらし亭
ビジネスホテル河上
松原
イオン熊野店
92 獅子巌
バス停
95 安楽寺
ユースホステル熊野市青年の家
小向井
北村地
93 花の窟
羽市木
一度砂浜へおりる
96 産田神社
上地
バス停
大島
バス停
瑞端
日初
バス停
バス停
94 お綱茶屋
上地
有馬町
有井駅
新町
里
大高見
平
バス停
311
42
バス停
松の平
97 百松茶屋跡
バス停
144 有馬立石
山崎
金山町
バス停
芝園
JR紀勢本線
山崎運動公園
向地
古屋
池尻
91 七里御浜
42
バス停
里創人 熊野倶楽部
旅の宿 はるさめ
久生屋町
スーパーオークワ
145 七里御浜の並木道
里
大前池
新造
釜ノ平
バス停
平見
向山
平
東里
志原川
ビジネスホテル 七里ケ浜
バス停
ドラッグ モリヤマ
志原
向地
西平見
志原尻
バス停
東平見
1:35,000
0
500
1000m
巡礼供養碑
バス停
神志山駅
壷の池
三軒屋
向井地
蓑の池
バス停

⑫ 花の窟 —1.5km 30分— 産田神社 —3km 50分— 百松茶屋跡 —3.5km 60分— 神木なかよしステーション —2.5km 75分— 横垣峠(305M) —1km 20分— 阪本の亀石

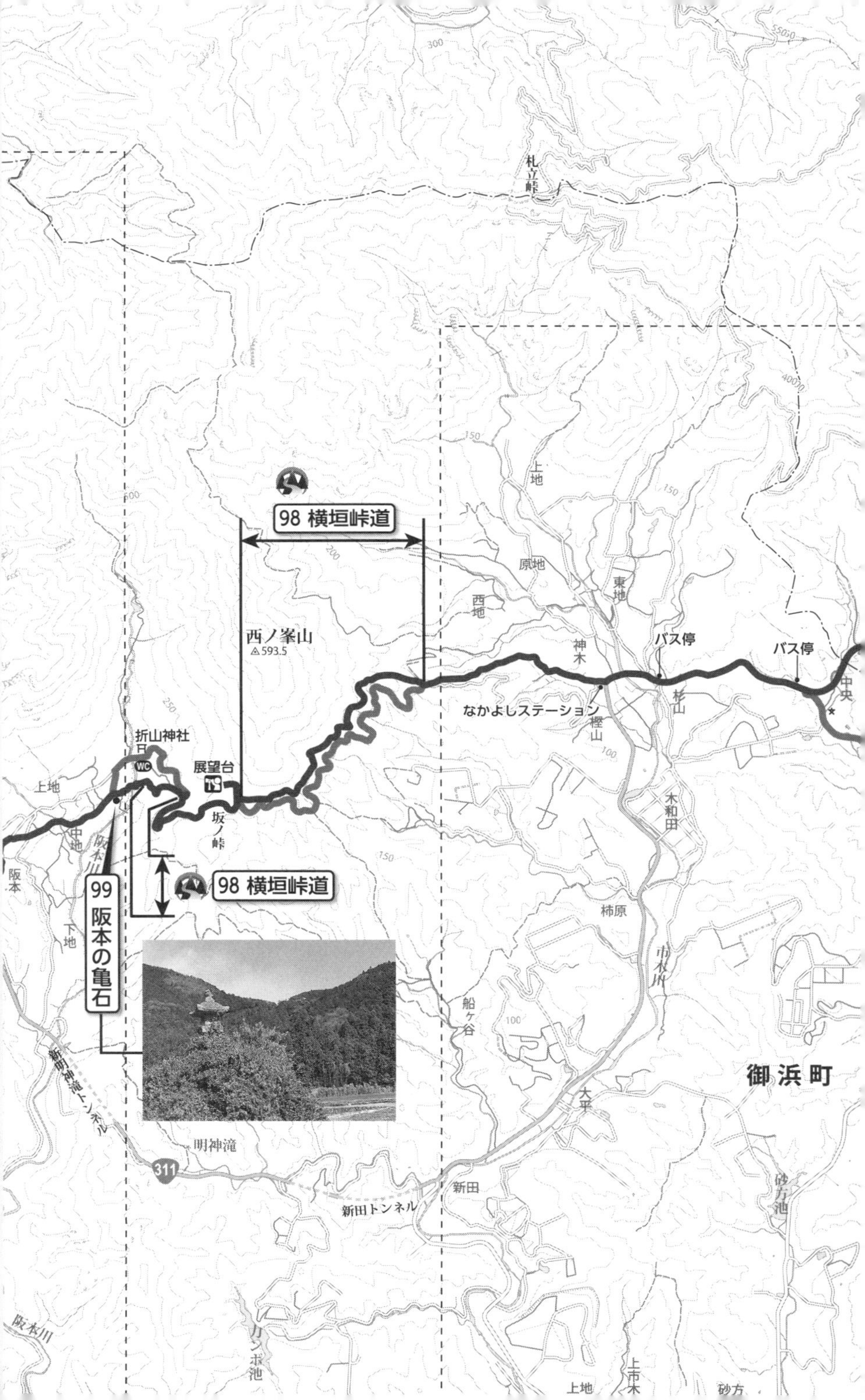

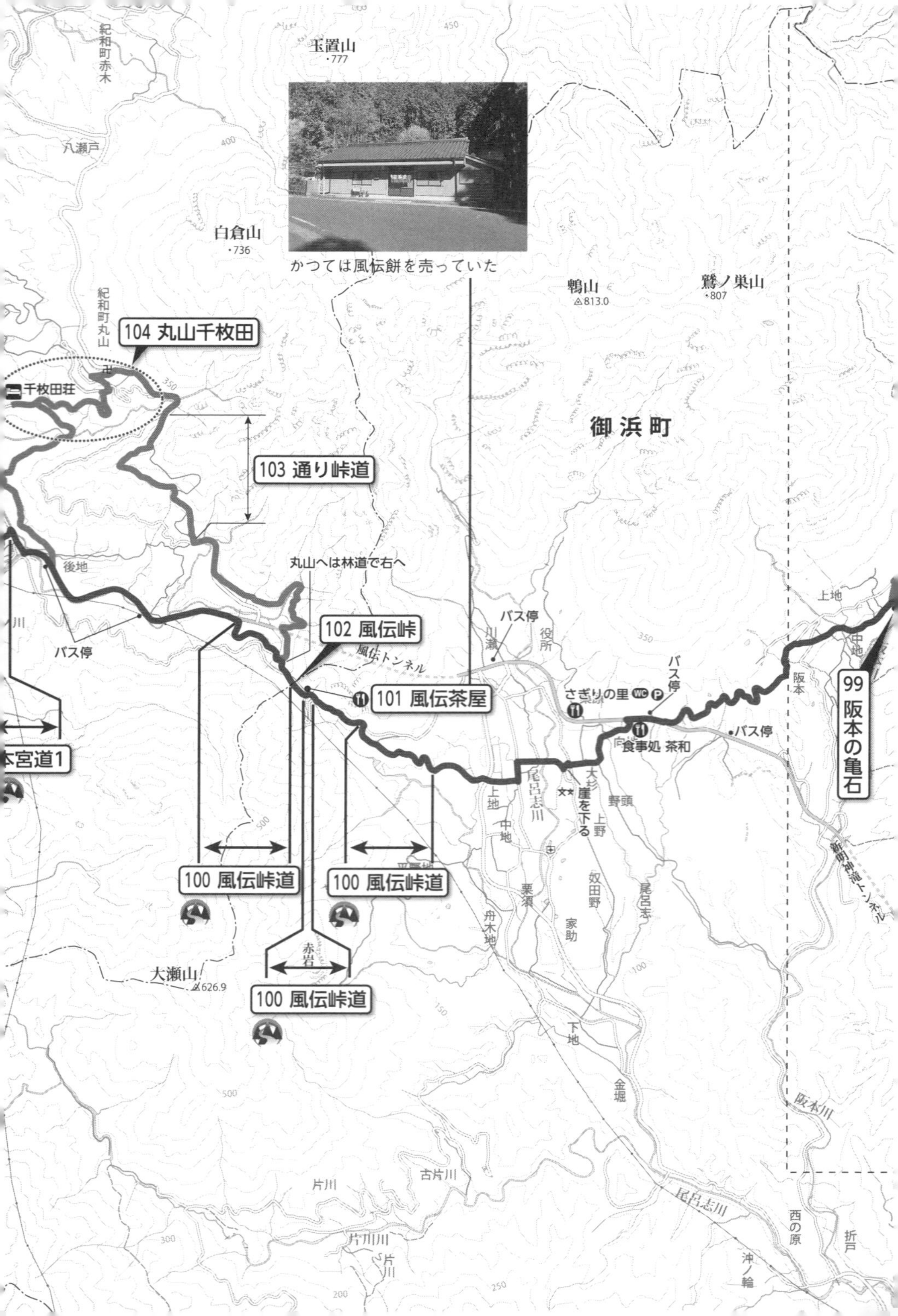

玉置山
777
450
紀和町赤木
八瀬戸
400
白倉山
736
かつては風伝餅を売っていた
鴨山
813.0
鷲ノ巣山
807
紀和町丸山
104 丸山千枚田
千枚田荘
350
御浜町
103 通り峠道
後地
丸山へは林道で右へ
川
102 風伝峠
風伝トンネル
バス停
バス停
役所
川瀬
350
上地
中地
阪本
99 阪本の亀石
さぎりの里
バス停
101 風伝茶屋
食事処 茶和
バス停
本宮道1
大杉
崖を下る
野頭
尾呂志川
上地
中地
上野
500
100 風伝峠道
100 風伝峠道
奴田野
栗須
尾呂志
舟木地
家助
新明神滝トンネル
赤岩
100 風伝峠道
大瀬山
626.9
100
150
下地
金堀
500
阪本川
古片川
片川
尾呂志川
片川川
片川
300
西の原
折戸
沖ノ輪
200
250

⑬ 阪本の亀石 — 4.2km 95分 — 風伝峠 (257M) — 2km 60分 — 通り峠 (390M) — 2km 30分 — 丸山千枚田 — 7.5km 210分 — 明倫小学校跡地「夕陽の丘」 — 4km 60分 — 楊枝川集落売店

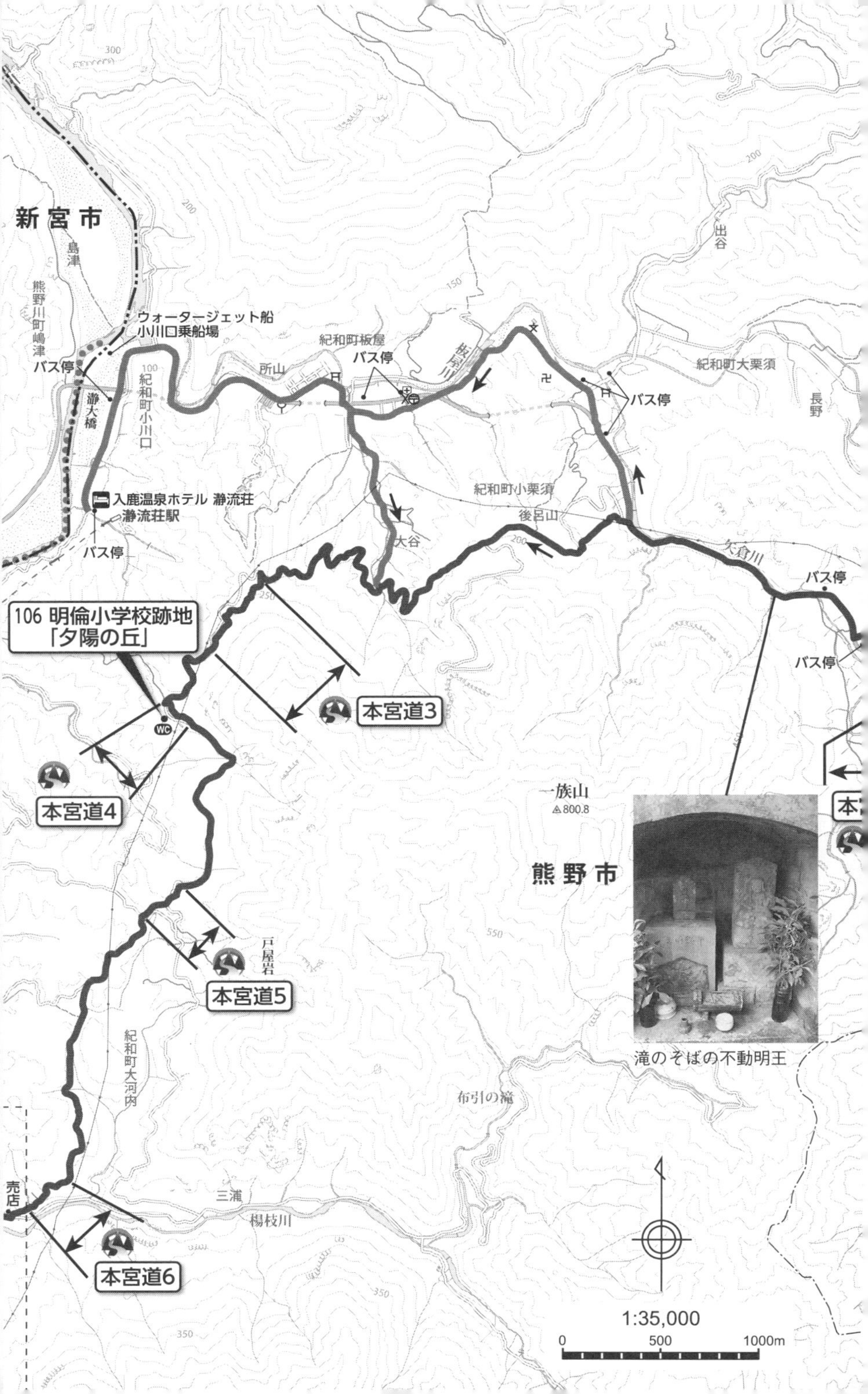

滝のそばの不動明王

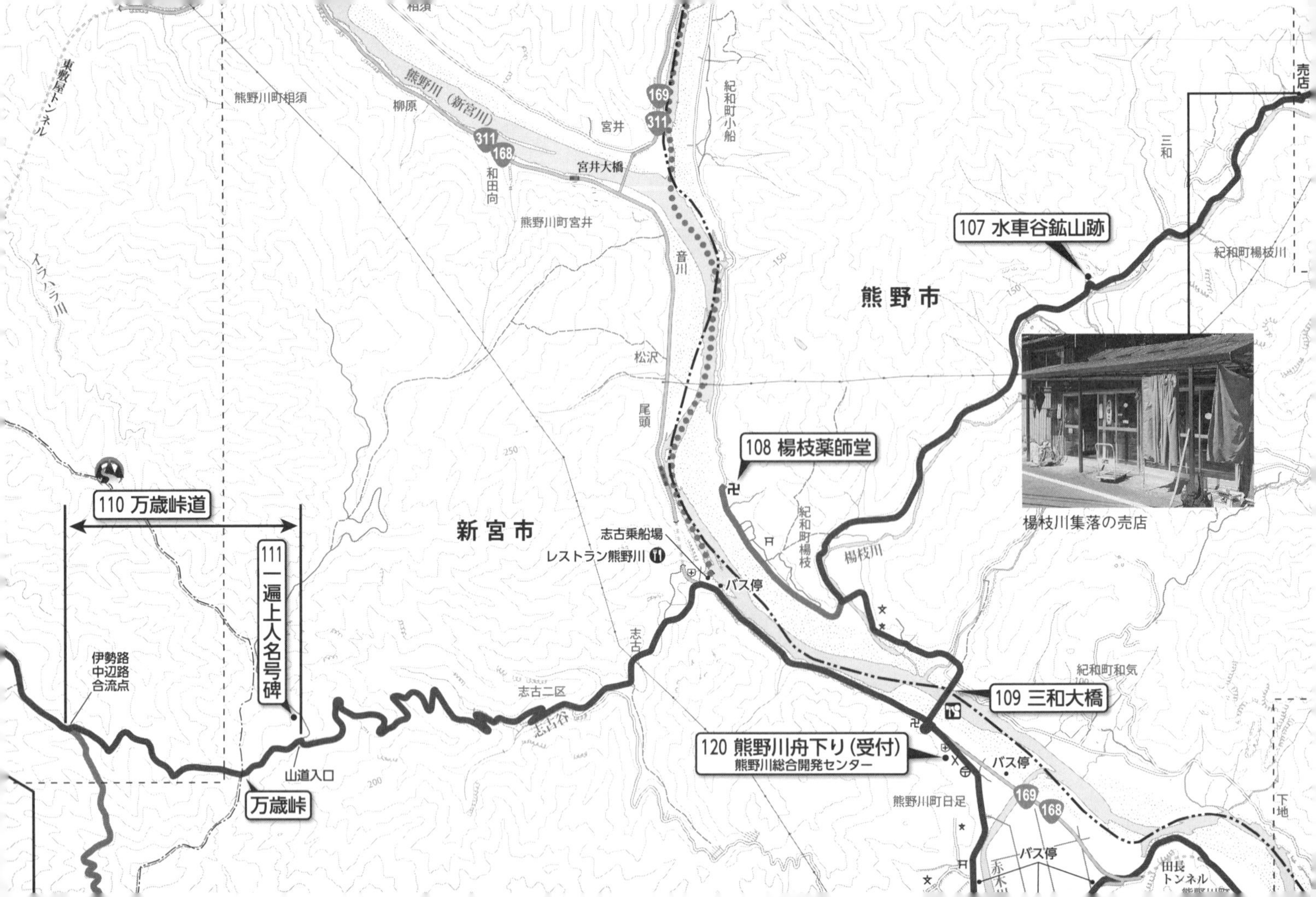
110 万歳峠道
111 一遍上人名号碑
万歳峠
山道入口
伊勢路
中辺路
合流点
東敷屋トンネル
イラハラ川
熊野川町相須
柳原
熊野川（新宮川）
311
168
169
和田向
熊野川町宮井
宮井
宮井大橋
紀和町小船
音川
松沢
尾頭
250
200
150
新宮市
熊野市
志古乗船場
レストラン熊野川
バス停
志古
志古二区
志古谷
108 楊枝薬師堂
紀和町楊枝
楊枝川
107 水車谷鉱山跡
三和
紀和町楊枝川
売店
楊枝川集落の売店
109 三和大橋
120 熊野川舟下り（受付）
熊野川総合開発センター
熊野川町日足
紀和町和気
田長トンネル
下地

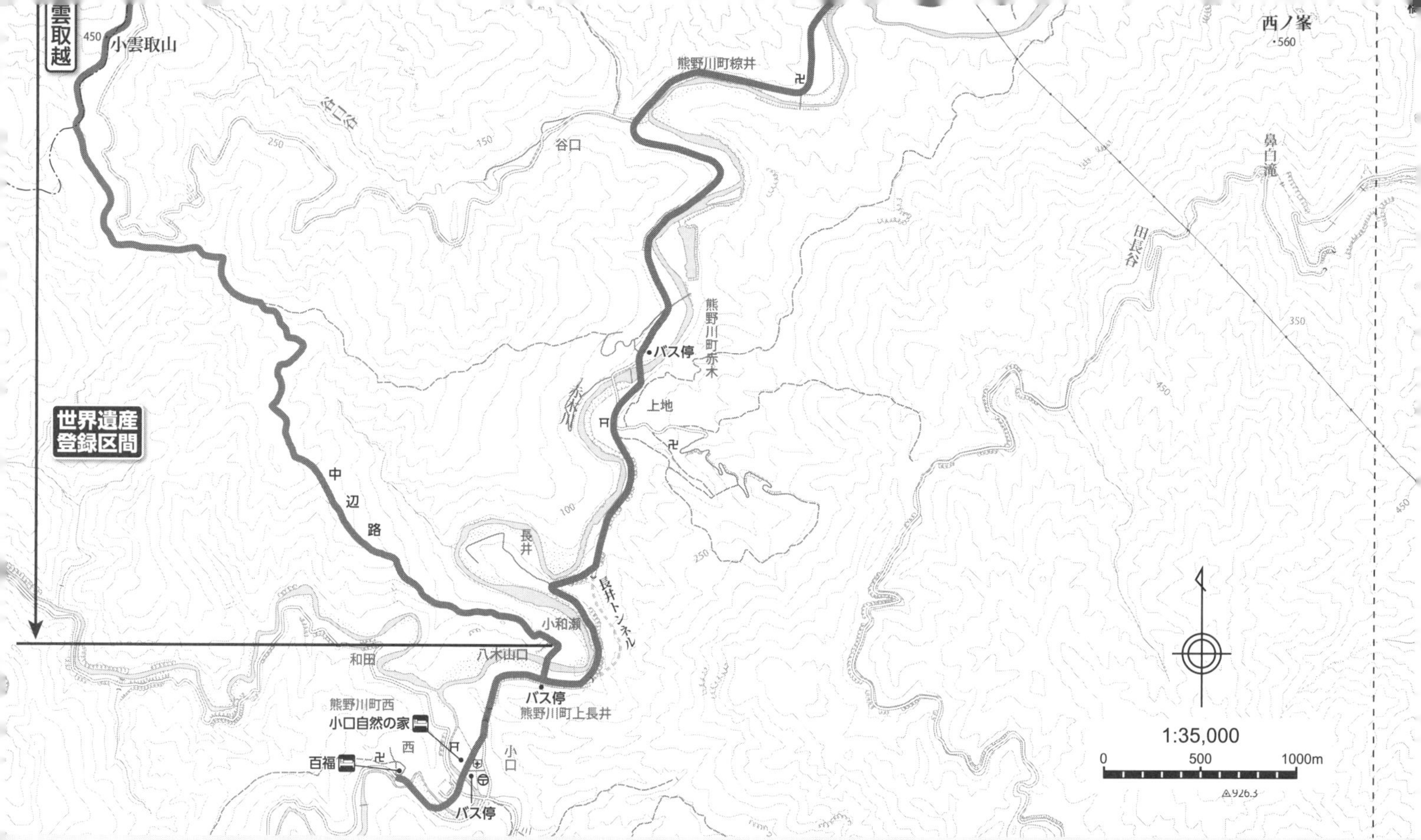

⑭

ゆき 楊枝川集落売店 —2km/30分— 水車谷鉱山跡 —3.5km/60分— 三和大橋 —2km/30分— 志古乗船場 —4km/90分— 万歳峠(415M) —1km/60分— 伊勢路中辺路合流点

かえり 伊勢路中辺路合流点 —1km/60分— 万歳峠 —4km/60分— 志古乗船場 —2km/30分— 熊野川総合開発センター —3.5km/60分— 猪岩橋

紀伊山地の参詣道ルール

世界遺産「紀伊山地の霊場と参詣道」は、万物、生命の根源である自然や宇宙に対する畏敬を、山や森に宿る神仏への祈りという形で受け継いできた、日本の精神文化を象徴する文化遺産です。私たちは、このかけがえのない資産がもたらす恵みを、世界の人々がいつまでも分かちあえるよう、参詣道を歩くにあたって次のことを約束します。

- 「人類の遺産」をみんなで守ります
- いにしえからの祈りの心をたどります
- 笑顔であいさつ、心のふれあいを深めます
- 動植物をとらず、持ち込まず、大切にします
- 計画と装備を万全に、ゆとりをもって歩きます
- 道からはずれないようにします
- 火の用心をこころがけます
- ゴミを持ち帰り、きれいな道にします

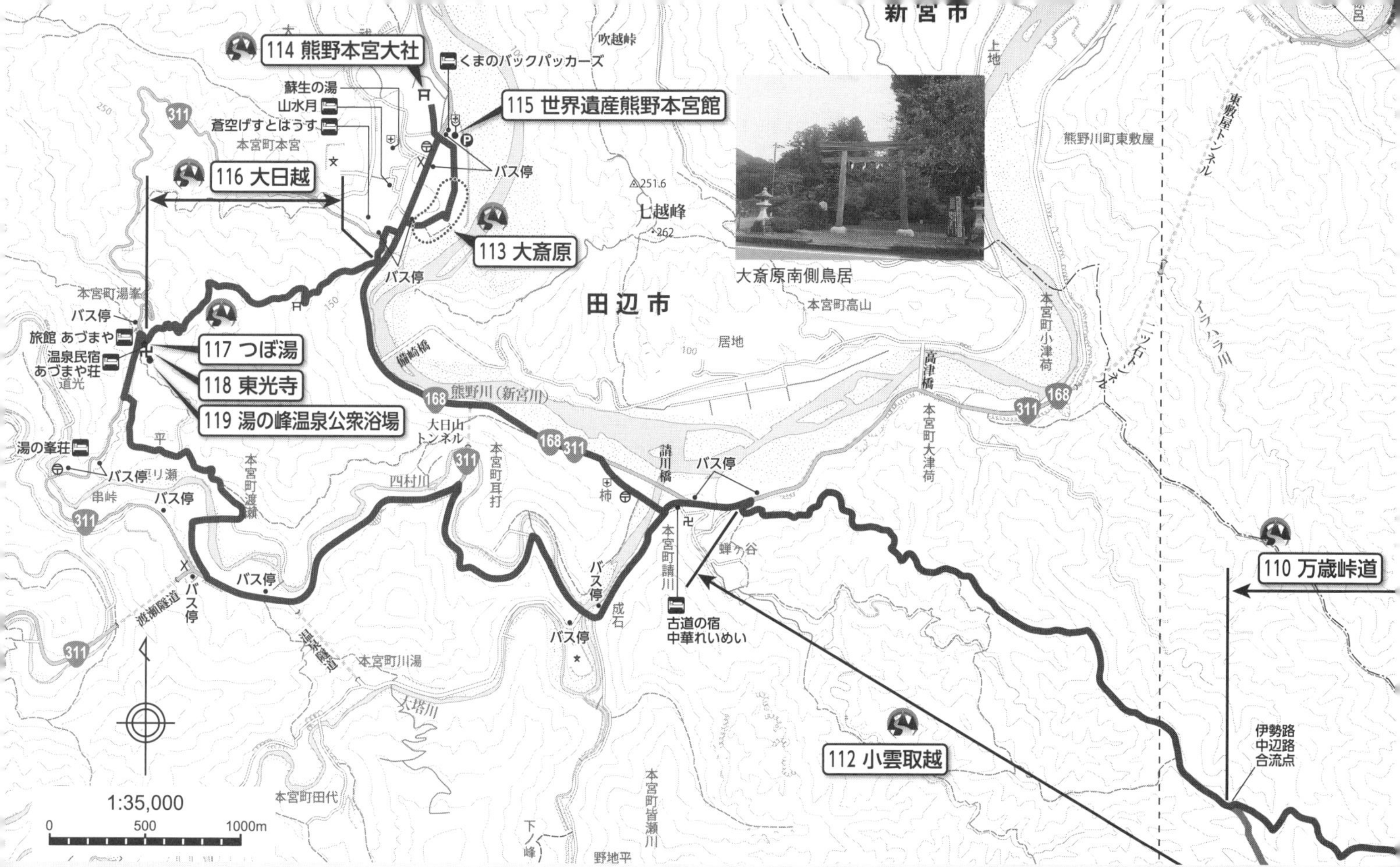

大斎原南側鳥居

⑮ 伊勢路中辺路合流点 —3.5km/60分— 請川橋 —3.5km/60分— 大斎原 —0.3km/10分— 熊野本宮大社 —2.5km/60分— 湯の峰温泉 —6km/120分— 請川 —3.5km/90分— 伊勢路中辺路合流点

■この区間を歩き始める前に

花の窟から熊野本宮の区間は紀伊山地の山中を踏破していくことになる。ただ、この区間には商店や食堂、宿泊施設が非常に少ない。また、宿泊施設間の距離が長く、1日に30km以上歩行する必要のあるところ(丸山－請川)もあり、一部は併走するバス路線のない区間(小栗須《こぐるす》－楊枝《ようじ》)もある。この区間に入っていくときには、まず計画をしっかり立て、昼食についても宿泊施設で用意してもらうことも検討するなど、丁寧な旅の準備を行おう。

94 お綱茶屋

花の窟神社鳥居前にある休憩施設。食堂にはさんま寿司やめはり寿司といった郷土料理や熊野地鶏の親子丼などがあるほか、地域特産のみかん製品、那智黒石、檜《ひのき》の木工品など、土産物も充実している。花の窟の歴史・由緒を伝える展示もある。

住 三重県熊野市有馬町137　☎0597-88-1011

営 10時～17時

95 安楽寺

曹洞宗の寺院である。熊野五ヶ寺の筆頭で、寺伝では文安元年(1444)、周防国龍文寺の僧であった海雲が熊野三山に参詣したおり、産田神社にも参詣したところ、この付近の領主であった有馬和泉守が海雲に帰依して当寺を創建したという。

96 産田《うぶた》神社(熊野市指定史跡)

祭神は伊弉冉尊《いざなみのみこと》、軻遇突智命《かぐつちのみこと》。伝承では伊弉冉尊はこの地で軻遇突智命を産み、そのことからこの地のことを「産田」と呼ぶようになったという。現在でも安産の神社として崇敬を集めている。神社には永正18年(1521)の棟札があるほか、慶長5年(1600)の仁王門の棟札があり豊臣秀頼の寄進であることが記されている。産田神社の祭礼には「宝飯《ほうはん》」として、サンマの姿寿司が出される。このことから、現在では「サンマ寿司発祥の地」とされることも多い。

97 百松茶屋跡

大正年間(1912～1926)まで営業していたもので、沿道の左手にある。松の巨木があり、いつもトンビが止まっていたことから「トンビ茶屋」とも呼ばれていたという。そばに道祖神が祀られており文政11年(1828)の銘がある。

▲この地域で道祖神は珍しい

98 横垣峠道(国指定史跡)

本宮道で最初の本格的な山越えである。横垣峠道は、西ノ峯山の中腹を回り込んでいく道のため、ある程度の標高まで上がると、平坦な道がしばらく続く。登り坂には石畳がなく、下り坂は地元の神木流紋岩《こうのぎりゅうもんがん》を利用した石畳道になっている。

99 阪本の亀石

横垣峠道を下りきると、山間に集落が広がる。石垣で囲まれた屋敷や広々とした棚田が印象的なこの集落は、国指定天然記念物「紀州犬」の発祥地としても知られる。集落の入口に亀石と呼ばれる高さ3m程の岩があり、その上に灯籠が立つ。阪本村の人々が寄進したもので、文化10年(1813)の銘がある。

▲後ろに見えるのは横垣峠

100 風伝峠道《ふうでんとうげみち》(国指定史跡)

尾呂志《おろし》の集落から小栗巣《こぐるす》の集落へ抜ける峠道である。峠道は3カ所でアスファルト舗装の道路と交差する。この道路は現在の風伝トンネルが平成2年(1990)に開通するまでは国道311号の本道だった。風伝峠道は石畳の残る江戸時代以来の道、明治以降に修築され平成2年まで本道だった旧国道311号、そして風伝トンネルで峠を越える現国道311号が近接してあり、「道」の変遷を近くで見ることができる。

101 風伝茶屋

風伝峠のすぐ手前、旧国道311号沿いにある茶店である。熊野参詣道伊勢路で、唯一営業を続ける峠の茶屋である。国道と重なって自動車が行き交ったため、茶屋として営業を続けることが出来たという。現在では主人のおばあさんが一人で店を守っている。飲み物はあるが、食事は出来ないので注意しよう。

102 風伝峠

風伝茶屋の先は車道が切り通しになっていて峠を越えているが、その左手に本来の風伝峠道が残っている。山道をのぼるとわずかで峠につく。峠には文政4年(1821)の銘の法界塔がある。

103 通り峠道

風伝峠から丸山へ向かう時に越える峠道である。熊野参詣道伊勢路は、風伝峠を越えたのち、直接楊枝へとつながっているが、宿の関係で丸山へ向かう人も多いはずだ。峠には子安地蔵が祀られ、展望台からは丸山千枚田を眺めることが出来る。

104 丸山千枚田

日本でも有数の棚田で、慶長6年(1601)に検地が行われたときには既に約2,000枚以上

横垣峠道と自然災害

平成23年(2011)9月に紀伊半島をおそった台風12号による紀伊半島大水害。この時、西ノ峯山の西側斜面が大規模に崩落し、横垣峠道の石畳道の一部が飲み込まれてしまった。山の形が変わってしまったため、同じ位置に石畳道を復旧することは難しく、辛くも崩落を免れた部分も遠くから眺めることしか出来ない。その後、地元のボランティアや関係者の努力の結果、林道などを利用して迂回路がもうけられた。しかし、熊野参詣道伊勢路は、伊勢から熊野まで通じる巡礼路だ。石畳道の一部は崩落したが、熊野参詣道伊勢路が消滅したわけではない。迂回路という新しい熊野参詣道を歩く巡礼者がいる限り、横垣峠道の価値は何ら変わらないのである。

▲途切れている部分も価値がある

の棚田があったといわれている。明治まで棚田の枚数は維持されていたが、昭和に入って過疎化が進むとともに荒廃し、平成4年(1992)には530枚まで減少した。その後、地域住民によって棚田の保存運動が展開され、現在では約1,300枚まで回復している。

▲夕暮れ時の丸山千枚田

105 本宮道(国指定史跡)

丸山千枚田から熊野参詣道に戻り、現在の国道311号と県道780号沿いに楊枝を目指す道である。「本宮道」の呼び名は、熊野参詣道伊勢路のうち花の窟で分かれて熊野本宮へ向かう道全体を指すが、世界遺産の登録上は熊野市紀和町矢ノ川から楊枝までの区間を指す。国道や県道、林道と重なりながらも江戸時代以来の古い道が残っており、断続的に6カ所の区間が世界遺産に登録されている。

▲石畳ものこる本宮道

106 明倫小学校跡地「夕陽の丘」

明治9年(1876)創立、昭和45年(1970)に廃校となった小学校の跡地である。校舎はすでになく、現在では「夕陽の丘」という公園になっている。春には桜が咲き乱れるほか、展望台からは紀伊半島の山々を見渡すことができる。この付近では数少ないトイレも設置されており、休憩場所として貴重だ。

107 水車谷鉱山跡

江戸時代の鉱山跡である。ここには、鉱石を溶かす溶鉱炉として利用された竈跡や、鉱石の採掘坑の入口、役所跡や番所跡と伝承される石垣で区画された場所などがある。墓地には三界萬霊塔《さんかいばんれいとう》や墓石などの石造物が110余基あるが、文化・文政・天保年間(1804～1843)のものが圧倒的に多い。鉱山の最盛期はこの頃だったと考えられる。

ウォータージェット船

熊野川の支流、北山川上流の瀞峡《どろきょう》観光のために運行されている観光船である。小川口からは瀞峡観光のために乗船できるほか、小川口から志古までの区間でも乗船できる。乗船時には前日までに予約しておく方が無難。

☎0735-44-0331(熊野交通志古船舶営業所)

※運賃・出港時刻は要問い合わせ

108 楊枝《ようじ》薬師堂

創建が平安時代に遡ると伝承される寺院である。伝説では、後白河法皇が頭痛に悩まされていたとき、この地にあった楊《やなぎ》の大木を切って京都に三十三間堂を建立するよう夢のお告げがあり、楊の大木を伐採した跡地に建立したのがこの楊枝薬師堂であるという。江戸時代、ここは熊野川の渡し場で、旅人はここで対岸への船を待った。今は2kmほど下流にある三和大橋《さんわおおはし》を渡る。

109 三和大橋《さんわおおはし》

熊野川にかかる橋。この橋を渡ると三重県から和歌山県に入る。橋の上からは熊野川の流れと山々を見渡すことが出来る。

▲熊野川をまたぐ三和大橋

110 万歳《ばんぜ》峠道（国指定史跡）

伊勢から熊野本宮を目指して歩いてきた旅人が最後に越える峠である。瀞峡観光船の志古乗船場前から谷筋を進む。峠道の距離は、志古から中辺路《なかへち》の小雲取越《こぐもとりごえ》合流まで約7km。道はほとんど林道と重なっていて、峠直前の部分だけが山道となる。山道に入ってからは道は細く傾斜も急だが、峠までの距離は短い。峠はうっそうとした森に覆われ、見晴らしはきかない。峠から小雲取越合流までもアップダウンを繰り返す、かなりの難所だ。

お柳《りゅう》の伝説

楊枝薬師堂の場所に生えていた楊《やなぎ》の大木によって京都の三十三間堂が建立されたという話は、それ自体一種の伝説ではあるが、楊枝にはこんな昔話も伝わっている。

時は源平争乱の頃、父を失った平太郎とその母は２人で都からこの楊枝へ落ち延び、山里でひっそりと暮らし始めた。あるとき、とある武士がヤナギの大木を伐ろうとした。平太郎は持ち前の機転と武芸で、大木を伐採から守った。その数日後、平太郎はヤナギの大木の下でお柳という美しい女性と出会い、やがて夫婦になった。２人の間には緑丸という男の子が生まれ、家族４人は貧しくとも幸せに暮らした。

それから数年後のこと。後白河法皇が三十三間堂建立のためと、このヤナギの大木を伐り出すことにした。ヤナギを伐り出すその日の早朝、お柳は突然の激痛に呻いた。お柳は息も絶え絶えに、まだ眠る平太郎や緑丸に、自分は平太郎が守ってくれたヤナギの大木の精であることを話し、別れを告げた。平太郎と老母は目覚めるやすぐにお柳の後を追おうとしたが、すでにその姿はなかった。この時、ヤナギの大木はもう切り倒されてしまっていたのである。

ヤナギの大木は、新宮まで運ばれることになった。ところが平太郎の家の前まで来たときにぴくりとも動かなくなった。どれほど力をいれても、木は動かない。この時、緑丸をつれた平太郎がやってきて、「じつはこのヤナギの大木の精こそ自分の妻であり、緑丸の母である。ヤナギの大木はこの別離が名残惜しいのである。」と告げた。平太郎は緑丸が音頭を取って木を引くことを申し出た。すると、これまでびくともしなかったヤナギの大木はみるみる動き、新宮まで無事に運ばれ、都の三十三間堂も見事に完成した。

しかし、最愛の妻お柳に先立たれた平太郎は悲嘆に暮れ、出家して生涯お柳の菩提を弔った。今も、楊枝薬師堂の境内には、お柳と平太郎の墓が並んで祀られている。

111 一遍上人名号碑

万歳峠道の山道入口から、林道をさらに200ｍほど進み、そこから山の中に入ったところに立つ名号碑で、一遍上人の真蹟といわれる。一遍は、弘安3年(1280)、熊野本宮に参籠して21日、万歳の峰に石の卒塔婆《そとうば》を立てて吉祥塔と名づけ、自ら名号を書き自らその文字を彫ったという。その後、地震で倒れ割れてしまったものを、宝暦10年(1760)、一遍五十二世の弟子が、今日見られるような石碑の中に石碑を納める形に修復したとされる。

万歳峠

万歳峠の名前の由来はかならずしも明らかでなく、また万歳峠の位置も諸説あり、不明な点が多い。ただ、熊野参詣道伊勢路最後の峠道であり、かつての旅人は喜びをもってこの峠を越えただろう。

実は、ヨーロッパにある「サンチャゴ・デ・コンポステーラへの巡礼道」の最後の丘の名前をモンテ・デル・ゴッソ、歓喜の丘という。巡礼者が初めて目的地にそびえる大聖堂を望んで歓喜の涙を流したことに由来する。

熊野参詣道伊勢路を旅して熊野本宮にたどり着こうとする旅人にとって、万歳峠は、モンテ・デル・ゴッソ同様、歓喜の峠であるに違いない。

112 小雲取越《こぐもとりごえ》(国指定史跡)

熊野那智大社から熊野本宮大社へ向かう熊野参詣道中辺路のうち、那智から小口の区間を大雲取越《おおぐもとりごえ》、小口から請川の区間を小雲取越と呼ぶ。江戸時代の西国巡礼者は伊勢から那智へ向かい、この道を通って本宮へ向かうことが多かった。道幅は広く整備も行き届いていて、今でも歩きやすい。万歳峠を越えた熊野参詣道伊勢路は、小雲取越の途中に合流して役目を終える。

113 大斎原《おおゆのはら》(国指定史跡)

熊野本宮大社の旧社地である。熊野川、音無川、岩田川の合流地点に広がる中洲で、ここに社殿が建ち並んでいた。江戸時代になるまで、中州に渡る橋はなく、参詣者は音無川を歩いて渡り神域に入る習わしだった。

明治22年(1889)水害に見舞われ、2年後流出を免れた社殿が現社地に移された。なお、境内の写真撮影は禁止されている。

114 熊野本宮大社

熊野三山の一社である。祭神は熊野十二所《くまのじゅうにしょ》権現《ごんげん》、主祭神は家津美御子大神《けつみみこのおおかみ》でスサノオノミコトとも解される。本地仏は阿弥陀如来で、平安時代からこの地は阿弥陀如来の浄土として考えられるようになった。

平安時代から皇族や貴族が多く参詣し、その感激に様子を日記に記している。社殿は国の重要文化財。社務所では正式参拝や祈祷の申し込み、朱印を拝受できる。

▲参拝客でにぎわう熊野本宮

115 世界遺産熊野本宮館

世界遺産のビジターセンター。熊野三山や高野山などに関する展示を行っているほか、熊野本宮観光協会や、和歌山県世界遺産センターがあり、熊野参詣道の情報を入手できる。

住 和歌山県田辺市本宮町本宮100-1

☎0735-42-0751 ¥ 無料

116 大日越（国指定史跡）

熊野本宮から湯の峰温泉へ抜ける峠道。距離は約3㎞、1時間半で越えることができる。江戸時代、熊野本宮大社に至った巡礼者は、本宮参拝後、この道を通って湯の峰温泉に向かった。途中、月見ケ丘神社や鼻欠《はなかけ》地蔵があり、湯峯王子を過ぎると湯の峰温泉はすぐ。

熊野三山―本宮・速玉・那智―

熊野三山は、熊野本宮大社、熊野速玉大社、熊野那智大社の三社からなる。この三社は、主祭神は異なるが、それぞれの祭神を相互に祭祀しており、熊野三山は祭神について一体性をもっている。さらに神仏習合思想が進展するにつれて、三社の祭神は仏が神の姿によってこの世に現れたと解されることになり、「熊野三所権現」として崇敬をあつめることとなった。さらに、三山の所在地は、本宮は阿弥陀如来の西方阿弥陀浄土、速玉は薬師如来の東方瑠璃浄土、那智は観音菩薩の南方補陀洛浄土としてみなされるようになった。こうして、熊野全体が「浄土」と見做される中で熊野三山に対する信仰は展開していくのである。

117 つぼ湯（国指定史跡）

世界遺産にも登録されている湯の峰温泉を象徴する温泉である。小屋の中に円形の岩穴の湯船があり、底から温泉が湧き出している。湯温は90度を超えるので水を足しながら入る。石けんやシャンプーは使用禁止。1回30分の貸し切り風呂で、入浴するにはあらかじめ公衆浴場の番台で番号札を受け取る必要がある。事前予約は出来ないので、湯の峰温泉についたら、先に番号札をもらってから休憩したり、散策したりすると良いだろう。

¥ 1人入湯料750円
営 6:00～22:00

▲つぼ湯は足下湧出

118 東光寺

湯の峰温泉の中心に位置する寺院である。創建は平安時代にさかのぼり、本尊の薬師如来像は温泉成分の湯の花が固まり自然に仏像の形になったものとされる。もともと東光寺の本堂と湯峯王子は境内に並び祀られていたが、明治時代の火災をきっかけに湯峯王子のみが高台へ移された。

119 湯の峰温泉公衆浴場

湯の峰温泉には、公衆浴場も設置されている。細長い建物で、手前から、男湯、女湯、薬湯と並ぶ。男湯と女湯は源泉50％に加水50％、薬湯は源泉100％で加水せず冷まして温度を調整したもの。泉質は硫黄泉。この細長い公衆浴場は町で見かける銭湯とずいぶん造りが違うが、建物の場所も形も江戸時代の「湯屋」の構造を踏襲している。

¥ 1人250円　薬湯390円
営 6:00～22:00

湯の峰温泉

▲湯煙立つ温泉街の中心

熊野詣の際、温泉による禊《みそぎ》をおこなう「湯垢離場《ゆごりば》」として知られた温泉地で、4世紀頃に熊野の国造《くにのみやつこ》、大阿刀足尼《おおあとのすくね》によって発見されたとされる。説教節小栗判官では、病に冒された小栗判官が照手姫の曳く車に乗せられてたどり着き、湯治すること7日、見事に蘇る奇跡の舞台として描かれた。

江戸時代には名湯として知られ、「温泉番付」では勧進元に記され別格の扱いだった。現在も温泉宿が並び、硫黄のにおいが立ちこめる西日本屈指の名湯である。

西国三十三所名所図会でもここは詳細に紹介されている。

「湯治の宿屋は大小の部屋を多く用意しており、遠方近郊から訪れる人々はみなここに泊まっている。諸国からやってくる湯治客は、一日中入湯に行き来するため、街の賑わいは言葉にならないほどである。季節の食べ物を売る男や、小間物を売る女などがいて、宿屋に来ては客にすすめている。宿屋では本を読む老人、三味線をひく若者、あるいは謡や浄瑠璃、小唄、碁、将棋、双六などそれぞれ思い思いの趣味に興じては、湯治の間の暇つぶしをしている。その上、何事も足りないものはない。四季を通じて豊かで深山幽谷の地にまたとない賑やかな素晴らしい土地である」。(現代語訳)

▲江戸時代の旅人もリラックス！
挿絵では旅館で旅人が思い思いに寛いだ様子が描かれている。筆者の暁鐘成は湯の峰温泉の寛いだ雰囲気がよほど印象に残ったものと思われる。

皆地笠《みなちがさ》

熊野本宮から南西へ8㎞、山間の皆地集落で作られる檜《ひのき》を素材とした笠である。平安時代、平家の落人が考案したのが始まりとされ、熊野への参詣者が身分に関係なく広く愛用したことから「貴賤笠」と呼ばれていたという。西国三十三所名所図会でも「皆地檜笠」として紹介されている。素材が檜のため軽く丈夫で、水をはじくことから少々の雨でも問題なく、歩き旅には実用性も高い。現在は職人が一人しかいないため予約販売となっている。

▲皆地笠をかぶる現代の巡礼者

五區

熊野三山巡拝

熊野本宮大社に参拝し、湯の峰温泉で疲れを癒やしたら、熊野三山の熊野速玉大社、熊野那智大社を目指して旅を続けよう。万歳峠をこえて志古へ戻り、熊野川を舟で下って新宮へ。熊野速玉大社に参拝したら中辺路に残る王子社を経て那智へ。熊野那智大社、青岸渡寺に参拝すれば、那智の大滝が旅のフィナーレを祝してくれるだろう。

旅の終着地熊野那智大社、青岸渡寺

熊野市
120 熊野川舟下り（乗船場）
道の駅 瀞峡街道熊野川
熊野川
猪岩橋
下和気
下地
立間戸谷
子ノ泊山
907.2
落打滝
小鹿
西谷
楠原下
100
200
450
500
600
250

舟から見る熊野川

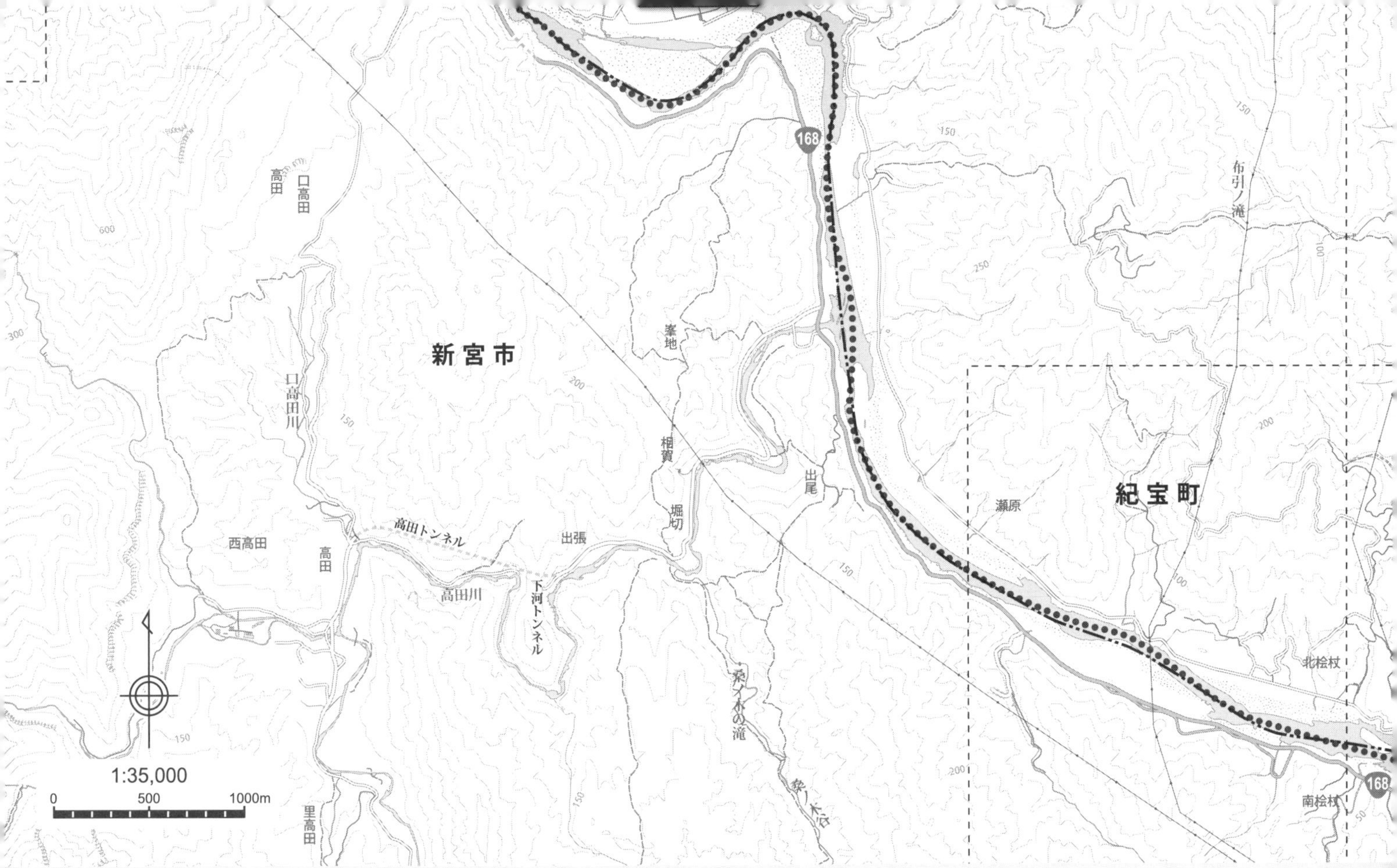

16 猪岩橋 —0.5km 10分— 道の駅 瀞峡街道 熊野川 ——16km 90分〈熊野川舟下り〉—— 新宮

122 御船島
124 熊野速玉大社 神宝館
123 熊野速玉大社
152 熊野大橋
120 熊野川舟下り（下船場）
127 阿須賀神社
126 徐福公園
125 神倉神社
128 浜王子社
129 王子ヶ浜
131 地蔵と六字名号碑
紀宝町
新宮市
新宮駅
鵜殿駅
新宮市役所
新宮市観光協会
新宮城跡
千穂ヶ峯
香梅堂
長谷旅館
ホテル光洋イン
バスターミナル
ビジネスホテル美郷
ステーションホテル新宮
サンシャインホテル
新宮ユーアイホテル
第一王子橋
ほこら
階段上る
高架下を通る
JR紀勢本線
新越路トンネル
越路隧道
バス停

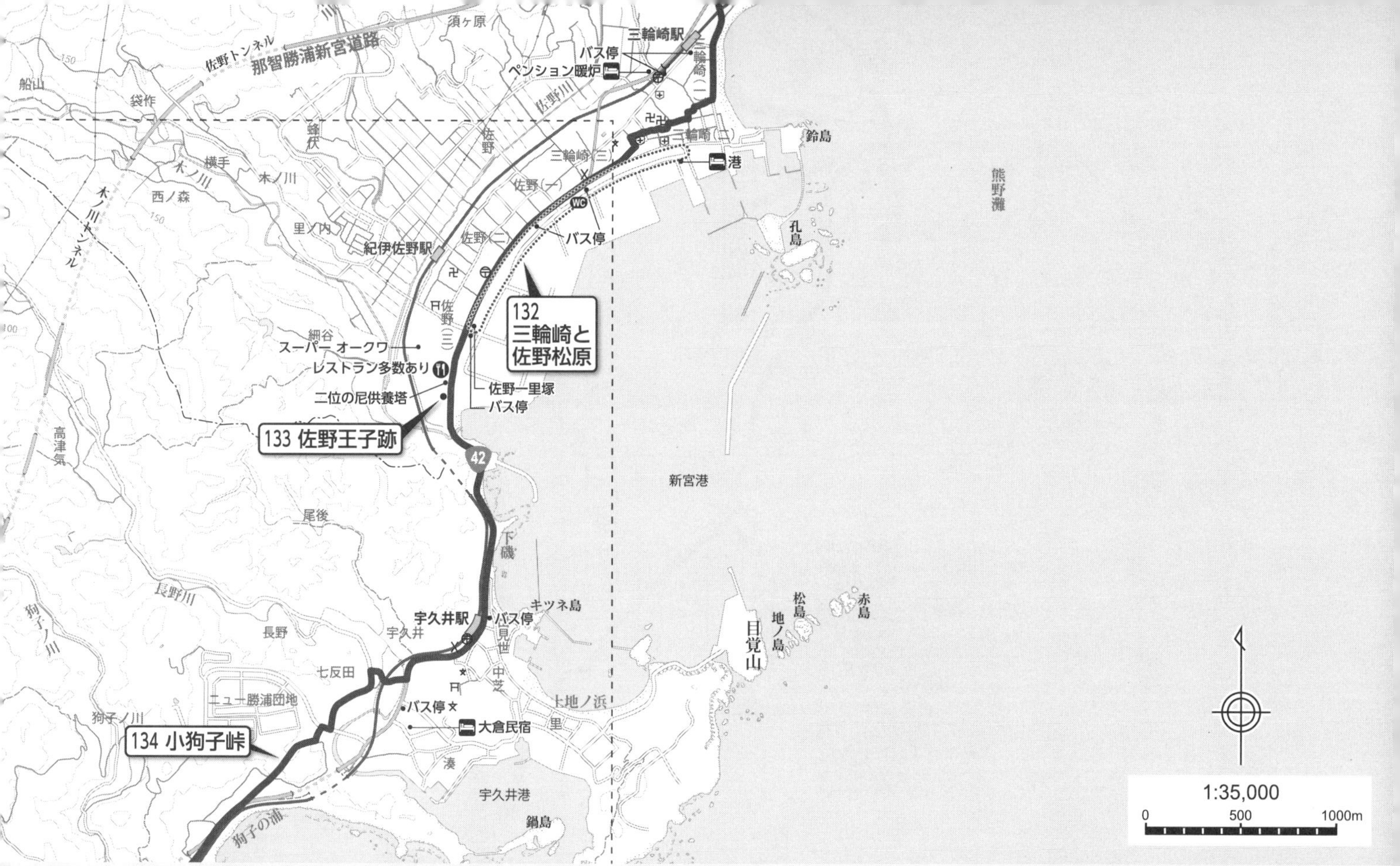

那智勝浦新宮道路
佐野トンネル
三輪崎駅
バス停
ペンション暖炉
132
三輪崎と
佐野松原
バス停
佐野一里塚
バス停
紀伊佐野駅
スーパー オークワ
レストラン多数あり
二位の尼供養塔
133 佐野王子跡
宇久井駅
バス停
キツネ島
新宮港
熊野灘
鈴島
孔島
港
目覚山
地ノ島
松島
赤島
大倉民宿
バス停
ニュー勝浦団地
134 小狗子峠
宇久井港
鍋島
狗子の浦
1:35,000
0
500
1000m

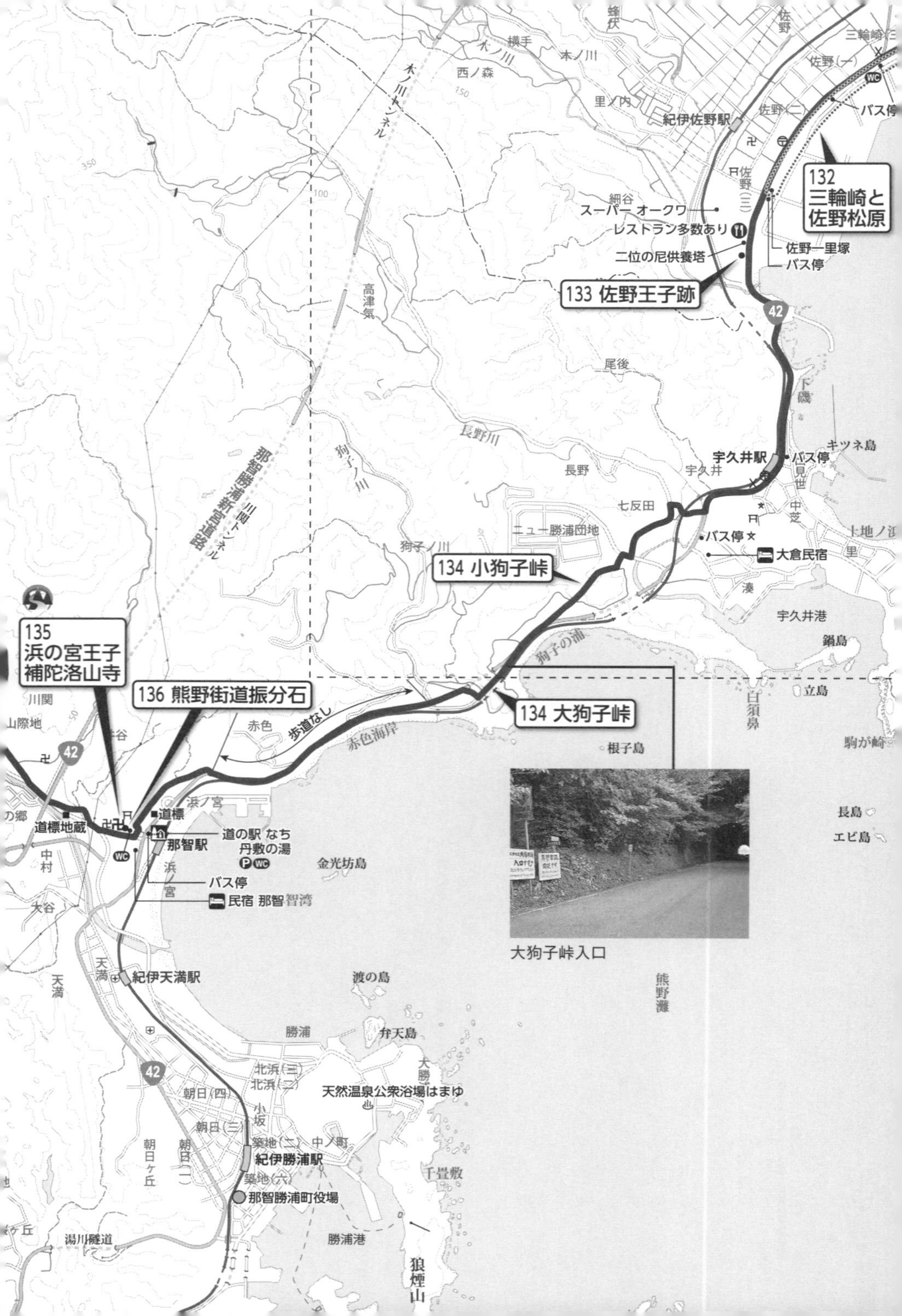

132
三輪崎と
佐野松原
133 佐野王子跡
134 小狗子峠
134 大狗子峠
135
浜の宮王子
補陀洛山寺
136 熊野街道振分石
蜂伏
佐野
三輪崎（三）
佐野（一）
佐野（二）
佐野（三）
バス停
横手
木ノ川
西ノ森
里ノ内
紀伊佐野駅
細谷
スーパー オークワ
レストラン多数あり
二位の尼供養塔
佐野一里塚
木ノ川トンネル
高津気
尾後
下磯
長野川
狗子ノ川
長野
宇久井
宇久井駅
キツネ島
見世
中芝
七反田
ニュー勝浦団地
土地ノ浦
里
大倉民宿
湊
宇久井港
鍋島
狗子の浦
立島
白須鼻
駒が崎
根子島
那智勝浦新宮道路
川関トンネル
川関
山際地
赤色
歩道なし
赤色海岸
道標地蔵
浜ノ宮
道標
道の駅 なち
丹敷の湯
那智駅
浜
宮
バス停
民宿 那智
中村
大谷
金光坊島
那智湾
長島
エビ島
天満
紀伊天満駅
渡の島
熊野灘
勝浦
弁天島
大勝
北浜（三）
北浜（二）
天然温泉公衆浴場はまゆ
朝日（四）
小坂
朝日（三）
築地（二）
中ノ町
紀伊勝浦駅
朝日ヶ丘
朝日（一）
築地（六）
那智勝浦町役場
千畳敷
湯川隧道
勝浦港
狼煙山

大狗子峠入口

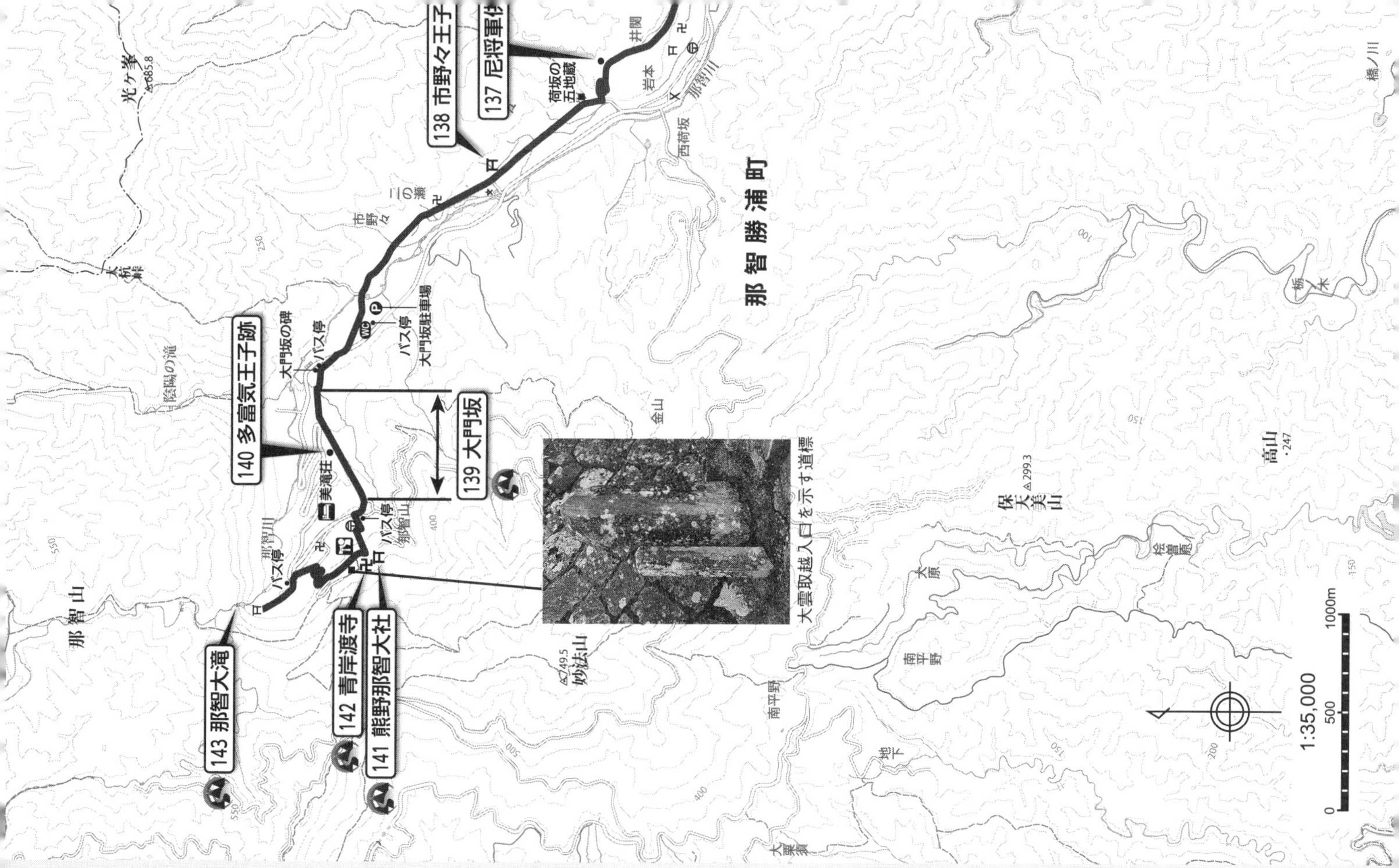
143 那智大滝
142 青岸渡寺
141 熊野那智大社
140 多富気王子跡
139 大門坂
138 市野々王子
137 尼将軍供
那智山
那智川
バス停
美滝荘
大門坂の碑
大門坂駐車場
陰陽の滝
大杭峠
光ケ峯
△685.8
市野々
二の瀬
荷坂の
五地蔵
岩本
井関
西荷坂
那智勝浦町
金山
△749.5
妙法山
南平野
大粟須
地下
大原
保天美山
△299.3
桧曽原
高山
・247
栃ノ木
橋ノ川
1:35,000
0
500
1000m
大雲取越入口を示す道標

120 熊野川舟下り

かつて、熊野本宮大社に参詣した巡礼者は熊野川を舟で下り、引き続き熊野速玉大社を目指した。熊野川は本宮と新宮を結ぶ「道」だったのである。そのため熊野川も世界遺産に登録されている。現在は本宮より下流の新宮市熊野川町日足から新宮の権現川原まで舟で下ることが出来る。舟には舟頭と語り部が乗り込み、解説が聞ける。新宮の権現川原で舟を下りると、そこは熊野三山の１つ、熊野速玉大社だ。

☎0735-44-0987（熊野川総合開発センター内）

¥ 1名3,900円

事前予約必要。熊野川総合開発センターの舟下り受付（地図⑭）で乗船手続きを当日行う。センターから乗船場までは徒歩約1時間、マイクロバスの送迎も有。

営 乗船手続　9:30締切10:00発→13:30着
　乗船手続14:00締切14:30発→16:00着

▲川舟に乗る唯一の区間

121 飛雪《ひせつ》の滝

熊野川舟下りの途中、左手に見える滝である。高さ30m、幅12m。紀州藩主徳川頼宣がこの滝を訪れた際、漢詩を詠み、その一節「乱沫随風作飛雪（水が飛び散り風にのって、飛ぶ雪のようだ）」から「飛雪の滝」と呼ばれるようになった。

122 御船島《みふねじま》（国指定史跡）

熊野川の河口近く、北側の川岸近くに位置する南北に細長い島。熊野速玉大社の神事である御船祭《みふねまつり》で、祭神の熊野夫須美大神《くまのふすみのおおかみ》の神霊を遷した神幸船が渡御し、9隻の早舟がこの島を回って競漕する祭礼の場所である。島全体が熊野速玉大社の社地で上陸はできない。

123 熊野速玉大社（国指定史跡）

熊野三山の一座である。祭神は熊野十二所権現、主祭神は熊野速玉大神《くまのはやたまおおかみ》・熊野夫須美大《くまのふすみのおお》神《かみ》。熊野速玉大神はイザナギノミコトともされ、本地仏は薬師如来。熊野夫須美大神はイザナミノミコトともされ、本地仏は千手観音菩薩。熊野速玉大社は薬師如来の東方瑠璃浄土とみなされて篤い信仰をあつめ、今日でも病気平癒の神としても信仰されている。なお、熊野速玉大社の別称を「新宮」と呼ぶ。この「新宮」は「熊野本宮大社」に対する「新宮」の意味ではなく、「神倉神社（元宮）」に対する「新宮」であるとされる。

▲熊野速玉大社

124 熊野速玉大社神宝館

熊野速玉大社には古来様々な神像や神宝が伝来している。とりわけ主祭神の神像である木造熊野速玉大神坐像、木造夫須美大神坐像は平安時代初期の神像として、足利義満が寄進した神宝類は南北朝時代の工芸品の中でも極めてすぐれたものとして、国宝に指定されている。神宝館では、間近で国宝や重要文化財の品々を見ることができる。

¥ 1名500円

125 神倉神社《かみくらじんじゃ》

新宮市の西端、標高約120mの神倉山に鎮座する神社。ご神体はゴトビキ岩と呼ばれる巨岩。熊野の神々は最初この地に降臨したと伝えられることから熊野根本大権現とも称された。祭神は熊野の神官の祖とされる高倉下《たかくらじの》命《みこと》と天照大神。また、日本書紀に記される神武天皇が登った「天磐盾《あまのいわたて》」はここを指すという。頂上からは新宮の町や太平洋が見渡せる。毎年２月６日には松明をかざした千数百人の氏子が一斉に急な石段を駆け下る「御灯祭《おとうまつり》」が行われる。

▲ご神体ゴトビキ岩

126 徐福公園

新宮駅前にあり、公園内に徐福の墓がある。徐福の伝説は日本中にあるが、ここの墓碑は元文元年(1736)に建立されたものとされる。阿須賀神社にも徐福祠があり、波田須の徐福の宮など、この地域と徐福伝説の深いつながりを感じさせる。

127 阿須賀神社《あすかじんじゃ》

祭神は事解男命《ことさかおのみこと》、本地仏は大威徳明王。背後に蓬莱山《ほうらいさん》を控え、その向こうには太平洋が広がる。日本書紀に登場する「熊野の神邑《みわむら》」とはこの神社一帯の集落であるとも言われる。太平洋戦争で古い社殿等が焼失し、現在の社殿は戦後再興されたもの。一説にはここは海の信仰の聖地であり、熊野三山に祀られる若宮や、若一王子はこの阿須賀神社のことであるという。

128 浜王子社(和歌山県指定史跡)

王子ヶ浜の手前、住宅街の一角にある王子社で、熊野九十九王子のひとつ。祭神は、神武東征の時に熊野の海に入水した皇兄の稲飯《いなひの》命《みこと》・三毛入野命《みけいりののみこと》 とされる。古くは海神を祀る海辺の社であったという。江戸時代は熊野速玉大社の末社で、明治40 年(1907)に阿須賀神社に合祀されたが、大正15 年(1926)に復興され、王子神社として祀られている。

▲浜王子社

129 王子ヶ浜《おうじがはま》

新宮市の東、南北４kmにわたって続く海浜である。直接太平洋に面しており波は高く、砂利浜である。中世以前の熊野参詣道は浜王子から王子ヶ浜をとおり、高野坂に至っていた。

▲弓なりに伸びる浜

130 高野坂(国指定史跡)

新宮から三輪崎にいたる坂道である。王子ヶ浜の南端からJRのガードをくぐり、逆川の横を通って上がったところから坂道が始まる。標高は低く坂道はなだらかで、峠と言うほどではない。金光稲荷明神の鳥居を過ぎたところで、道標に従い左に600m進むと展望台があり、太平洋を一望できる。熊野参詣道からは木々が生い茂っていて、見通しはきかない。

131 地蔵と六字名号碑

高野坂の途中、王子ヶ浜が見渡せる場所にある。六字名号碑は2基あり、それぞれ貞享2年(1685)と貞享3年(1686)の銘がある。中心の地蔵には、寛文12年(1672)の銘がある。

132 三輪崎と佐野松原

「苦しくもふり来る雨か神《みわ》の崎狭野の渡りに家もあらなくに」と万葉集に詠まれて以来、歌枕として知られた地である。江戸時代にも松原が美しいことでよく知られていたが、明治時代には三輪崎は汽船が発着する港となり、新宮の表玄関となった。松原は現在公園となっている。

133 佐野王子跡（和歌山県指定史跡）

佐野松原の南端にあった王子社で、熊野九十九王子のひとつ。新宮と那智のほぼ中間にあり、承元4年(1210)、後鳥羽院後宮の修明門《しゅめいもん》院《いん》がここで昼休みをしたという記録が最も古く、応永34年(1427)、足利義満の側室、北野殿一行も、那智からの帰路、ここで接待をうけた。今は、小さな碑がある。

▲小さな石碑がありし日を伝える

134 小狗子《こくじ》峠・大狗子《おおくじ》峠

宇久井から那智へ抜けるために越える2つの小さな峠である。峠道は短く標高も低い。『西国三十三所名所図会』によれば、このあたりは鯨漁がさかんで、峠は鯨の見張り場であり、「狗子」とは「鯨」のことであるという。現在はいずれの峠も切り通しになっており、見通しはきかない。

135 浜の宮王子・補陀洛山寺《ふだらくさんじ》（国指定史跡）

王子社と寺院が並列して祀られる、熊野三山の霊場の一つである。浜の宮王子は、11世紀初頭の熊野三所権現神像（重要文化財）を祀る古社で、海辺にあるために、渚の宮ともよばれた。天仁2年(1109)、藤原宗忠は浜の宮王子に参り、「この所南海に向かい地形勝絶」と感激している。応永34年(1427)には、北野殿らが「はまの宮」に着き、幣と神楽を奉納した。一方、補陀洛山寺は平安時代から江戸時代にかけて人々が観音浄土である補陀洛山へと小船で那智の浜から旅立った「補陀洛渡海《とかい》」で知られる。本尊は平安時代後期の作とされる十一面千手観音で、重要文化財。両社寺とも、戦国時代から出現する『那智参詣曼荼羅《なちさんけいまんだら》』にも描かれ、那智山信仰とともに栄えてきた重要な霊場である。

▲浜の宮王子は現在熊野三所大神社《くまのさんしょおおみわやしろ》と号している

136 熊野街道振分石

補陀洛山寺の南西角に立つ石碑である。この場所は中辺路と大辺路の分岐点であり、そのことを示したものであるという。正平13年(1358)に初めて立てられ、300年後の万治元年(1658)に立て替えられたという。ここで、右へ曲がると那智山へ、直進すれば大辺路《おおへち》を経由して紀伊田辺へ至る。

▲今では碑文は全く読めない

137 尼将軍供養塔

源頼朝の妻、北条政子の供養塔である。北条政子は鎌倉幕府三代将軍源実朝亡き後、「尼将軍」として幕府を統率した人物である。建保6年(1218)に鎌倉から熊野へ参詣している。熊野には尼将軍に関連する供養塔が多数存在するが、これもその一つ。宝篋印塔《ほうきょういんとう》の型式をとり、造立年代は室町時代の後半と考えられる。

138 市野々王子《いちののおうじ》(国指定史跡)

市野々の参詣道東側に鎮座する、熊野九十九王子の一つである。祭神は、天照大神・忍穂《おしほ》耳尊《みみのみこと》・葺不合尊《うがやふきあえずのみこと》。『後鳥羽院《ごとばいん》熊野《くまの》御幸記《ごこうき》』には「この道また王子数多く御います」と書くのみで、この王子の名はみえないが、多くある王子の一つであったのだろう。明治6 年(1873)王子神社と改称。現在も1 月21 日に例大祭が行われる。

139 大門坂《だいもんざか》(国指定史跡)

熊野那智大社、青岸渡寺へ向かう参道である。石畳が敷設されており、延長約600 m、石段は267 段。両側には樹齢800 年と言われる夫婦杉をはじめ、100本を越える杉が立ち並ぶ。坂を登り切ったところにかつて大門があり、それにちなんで大門坂と言った。坂の入口に大門坂茶屋があり、平安衣装の貸出しを行っている。

▲石畳と杉並木

補陀洛渡海《とかい》

補陀洛とは仏教の経典の一つ『華厳経』において、インドの南端に位置するとされる観音浄土のことである。中世の日本では、太平洋の南の海上に「補陀洛」が存在すると信じられ、そこへ船出するという修行が行われていた。これを「補陀洛渡海」という。船に乗り込むと船室は外から釘で打ち付けられ、沖にでると海中に沈む。いわば捨身行の一種であった。のち、補陀洛山寺の住持は死後亡骸《なきがら》を船に乗せて沖に送られた。記録に残るだけでも、補陀洛山寺からは25件の補陀洛渡海が行われたという。補陀洛山寺の後背の山中には、補陀洛渡海僧の供養塔が多く残されている。

▲補陀洛山寺境内に展示されている渡海船

140 多富気王子《たぶけおうじ》跡（和歌山県指定史跡）

那智山麓の下馬から、大門坂を100 mほど登った右手にある王子社跡。多富気は「手向《たむ》け」の意味という。延宝8年（1680）の記録には「多富気王子并殿・鳥居」という記述があり、ほぼ同じ頃とされる絵図にも、この場所に小社を描き、「児宮《ちごみや》」と注記されている。元禄年間の『熊野歩行記』にも、「多冨気王子　彦火々出見尊　本社東北八町　号児宮」とあって、児宮とも称したらしい。

141 熊野那智大社（国指定史跡）

熊野三山の一座である。熊野那智大社は那智大滝をご神体として祀ったのが起源であるという。祭神は熊野十二所権現であるが、滝宮には大己貴命《おおなむちのみこと》（飛瀧権現《ひろうごんげん》）を、第四宮には熊野《くまの》夫須美大神《ふすみのおおかみ》をまつり、本地仏はいずれも千手

▲熊野那智大社

観音菩薩である。社殿は江戸時代後期の建築であるが、中世以来の様相を継承していると考えられ、重要文化財となっている。

142 青岸渡寺《せいがんとじ》（国指定史跡）

元々は那智大社境内の観音堂であったが、明治の神仏分離令で青岸渡寺として分離した。本尊は如意輪観音。西国三十三所巡礼の第一番札所であり、江戸時代には伊勢を出発した西国巡礼者の最初の目的地であった。現在の建物は桃山時代の建築で、重要文化財。今日も西国巡礼者の姿が絶えない。

143 那智大滝《なちのおおたき》（国指定名勝）

落ち口の幅13m、滝壺までの落差は133m。一段の滝としては日本一の落差を誇る。飛瀧大権現の御神体として崇拝され、鎌倉時代に描かれた那智滝図（国宝）や、一遍上人絵伝（重要文化財）、多くの那智参詣曼荼羅に描かれるなど、日本の精神文化と深い関係をもつ名瀑である。滝そのものがご神体であり、飛沫を浴びると延命長寿の霊験があるという。一帯は熊野那智大社の神域で、那智原始林（天然記念物）に包まれている。滝は熊野灘からも直接望むことができるという。那智山中にはこの大滝をはじめとして48滝と呼ばれる大小多数の滝があり、修験道の重要な修行場でもあった。

▲飛瀧権現ご神体、那智大滝

六區

花の窟から七里御浜沿いに熊野速玉大社へ

花の窟からまっすぐ七里御浜沿いに南下するルートである。有馬の立石からかつての松原の中をとおり、熊野川をわたって熊野速玉大社までは１日の距離。続けて熊野三山を巡るのなら、熊野那智大社から大雲取越、小雲取越を経由して熊野本宮を目指すことになる。

はるか新宮まで見渡せる七里御浜

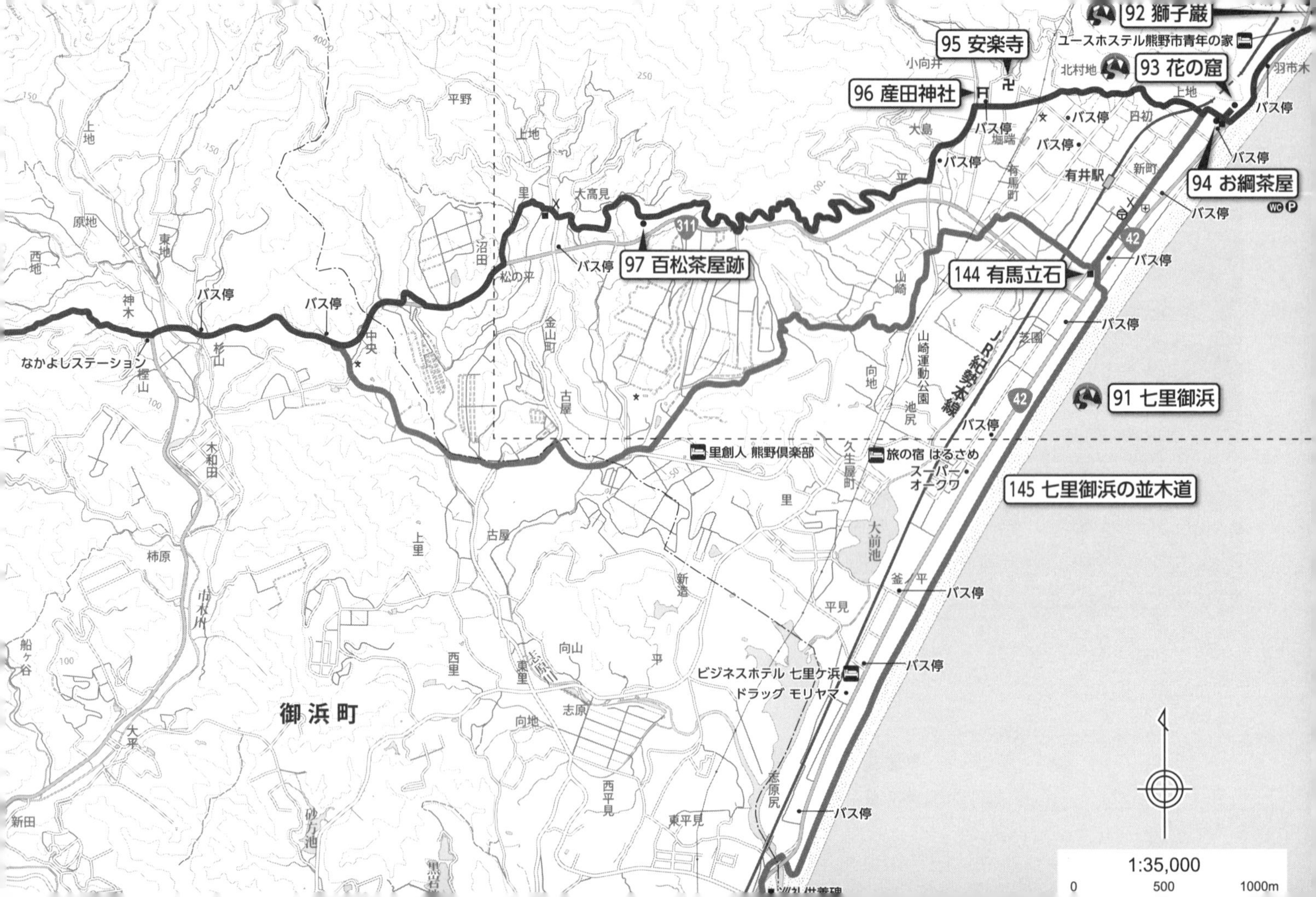
92 獅子巌
95 安楽寺
ユースホステル熊野市青年の家
93 花の窟
96 産田神社
94 お綱茶屋
97 百松茶屋跡
144 有馬立石
91 七里御浜
145 七里御浜の並木道
里創人 熊野倶楽部
旅の宿 はるさめ
スーパー オークワ
ビジネスホテル 七里ケ浜
ドラッグ モリヤマ
なかよしステーション
JR紀勢本線
有井駅
御浜町
バス停
1:35,000
0
500
1000m

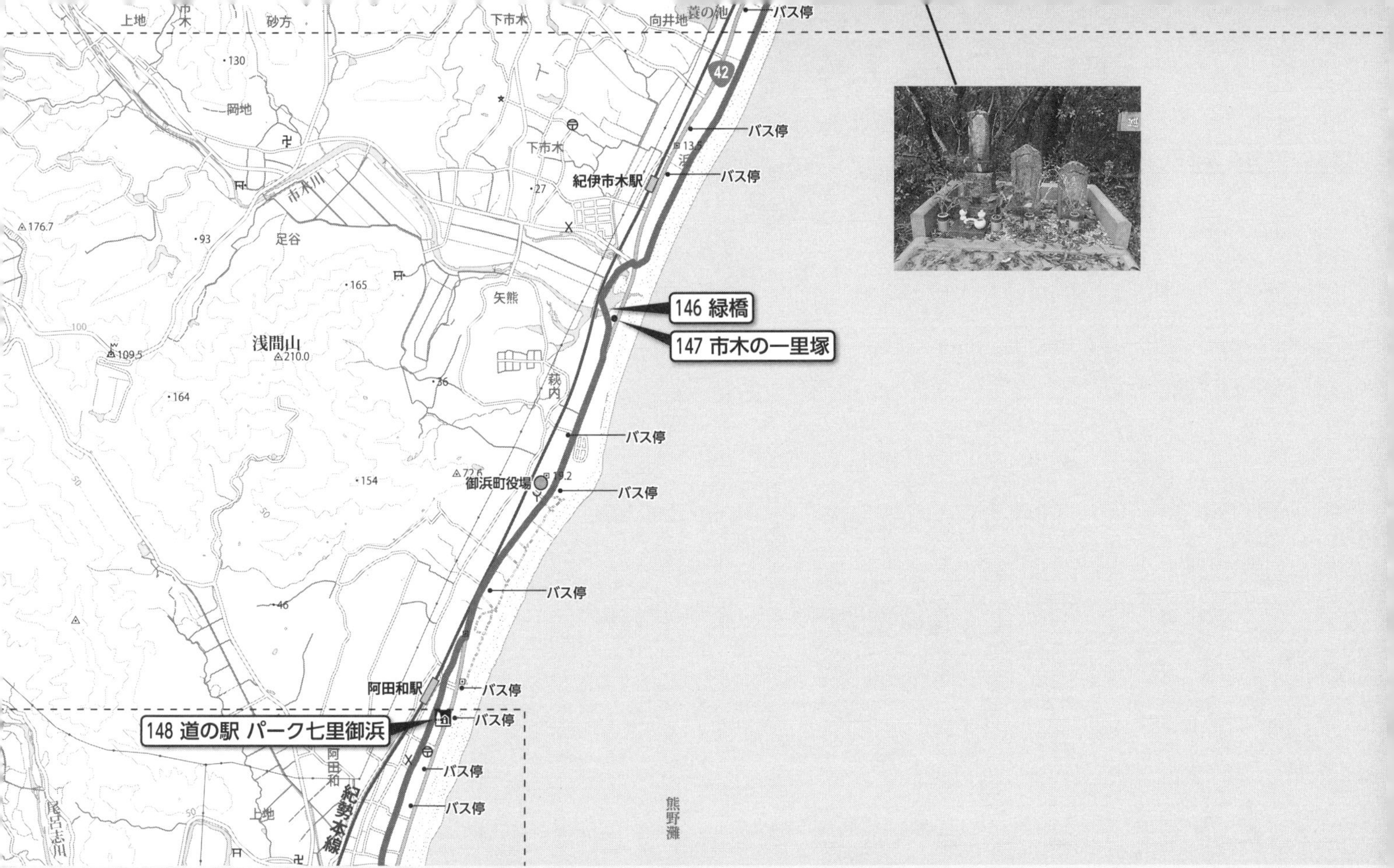

上地
巾木
砂方
下市木
向井地
蓑の池
バス停
42
・130
岡地
下市木
紀伊市木駅
13.5
バス停
バス停
市木川
・27
△176.7
・93
足谷
・165
矢熊
146 緑橋
147 市木の一里塚
100
109.5
浅間山
△210.0
・164
・36
萩内
バス停
△72.6
・154
御浜町役場
19.2
バス停
50
バス停
・46
阿田和駅
バス停
148 道の駅 パーク七里御浜
バス停
阿田和
バス停
紀勢本線
バス停
熊野灘
尾呂志川
上地

148 道の駅 パーク七里御浜
149 道の駅 紀宝町ウミガメ公園
御浜町
紀勢本線
大里トンネル
大烏帽子山
362.4
見松寺の看板の方向へまがる
バス停
バス停
バス停
バス停
バス停
バス停
バス停
バス停
バス停
阿田和橋
七里御浜
柿原
尾呂志川
阿田和
上地
阿田和
向山
山地
奥山地
下り場
井田観音
井田
見松寺
茶屋地
紀伊井田駅
引作
桑谷
井内
平尾井
平尾井東
平尾井西
相野川
相野谷川
大里西
大里東
大里
大里小畑
津本
湯之戸
永田
田代
中尾地
高岡
和田地
神賀河谷

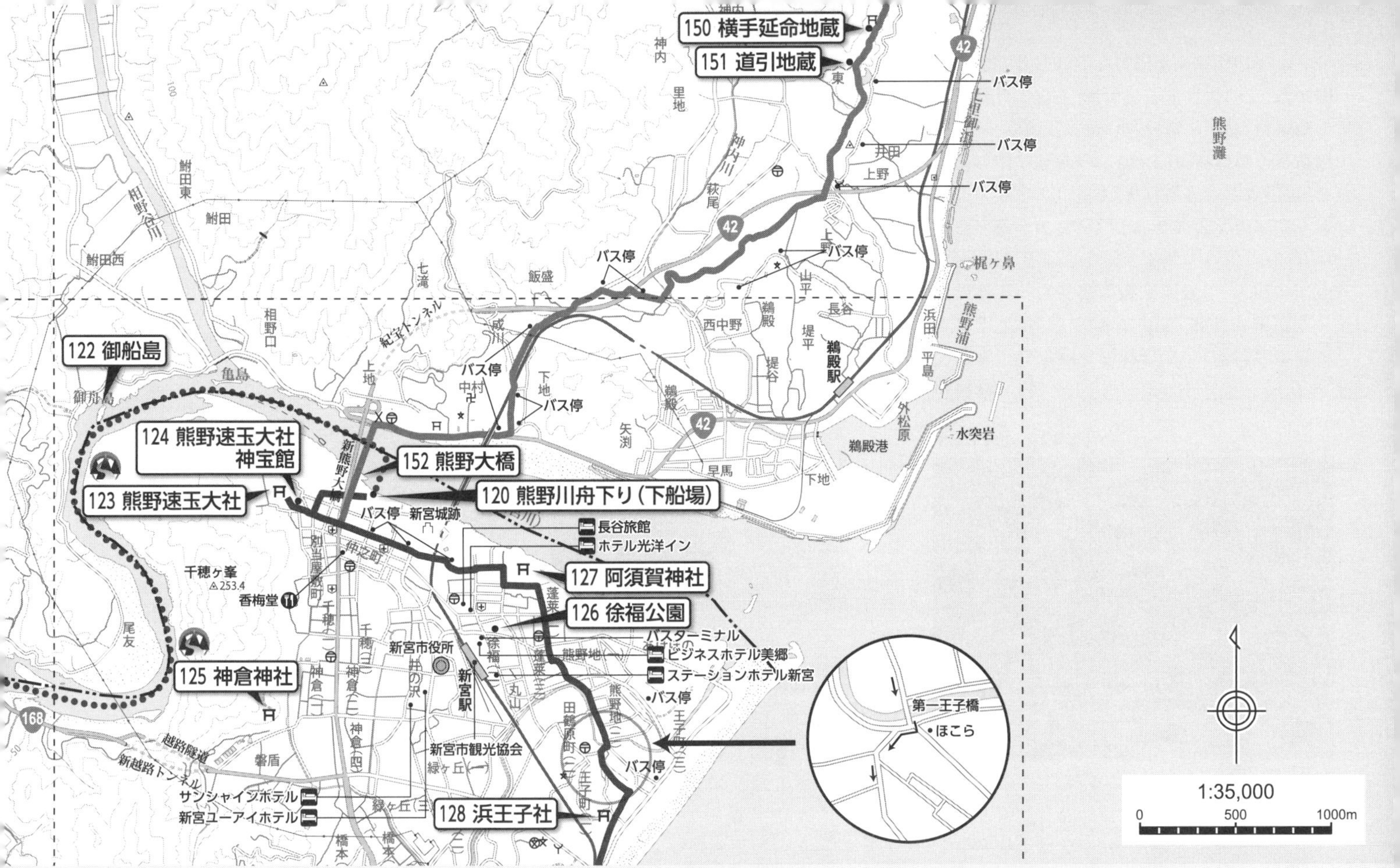
150 横手延命地蔵
151 道引地蔵
122 御船島
124 熊野速玉大社 神宝館
123 熊野速玉大社
125 神倉神社
152 熊野大橋
120 熊野川舟下り(下船場)
127 阿須賀神社
126 徐福公園
128 浜王子社
長谷旅館
ホテル光洋イン
バスターミナル
ビジネスホテル美郷
ステーションホテル新宮
サンシャインホテル
新宮ユーアイホテル
新宮市役所
新宮市観光協会
新宮駅
鵜殿駅
新宮城跡
香梅堂
千穂ヶ峯
△253.4
第一王子橋
ほこら
熊野灘
1:35,000
0
500
1000m

浜街道(花の窟→新宮)

花の窟は熊野への入口であるとともに、本宮(熊野本宮大社)へ向かう旅人と新宮(熊野速玉大社)へ向かう旅人の分岐点でもあった。江戸時代の西国巡礼者の多くは花の窟から南へ向かい、一直線に新宮、那智を目指した。花の窟から南へ向かえば、七里御浜が朝日に向かって弓なりにその姿を横たえる。街道は浜の横に続く松原の中をとおっていた。

▲七里御浜にそって街道は南下する

144 有馬立石(熊野市指定文化財)

花の窟を出て、有馬の集落の中を南へ下ると、立石に道標がある。道標には、「右ほんくう近道　左しゅんれい道」とかかれ、文政3(1820)年の銘がある。街道はここで二手に分かれ、道なりに左斜めへ抜けて海岸の方へ向かうと新宮、直進すれば本宮へむかう。本書で紹介している本宮への街道は、この道標よりも手前、花の窟を出て200m程の地点で右へ分岐するが、ここで直進する街道は、その道よりも南を通って横垣峠の手前で本宮道に合流する。新宮へ向かう場合はこの道標にしたがって、左へ進もう。

▲今でもそのまま役立つ道標

145 七里御浜並木道

国道42号を渡ると、街道は防風林の中を進む。現在は雑木林だが江戸時代には松原が続いており、もとの松原に戻すため松の若木が植林されている。堤防の外側に続く砂浜を歩くこともできるが、砂浜は足が取られて歩くことがかなり難しい。景色を楽しむのは良いが、歩くことはおすすめしない。

▲雑木林の小径も楽しい

146 緑橋

市木川にかかる橋である。水門付きの橋梁で大正7年(1918)年の竣工。熊野参詣道がとおる海沿いは砂堆《さたい》で標高が高く、水田の広がる内陸は、それより低くなっている。そのため高潮が発生すると、川を海水がさかのぼり水田が水没してしまう。それを防ぐために、河口付近に川の逆流を防ぐ水門を持つ橋が架けられた。一部煉瓦を用いた石橋で、水門は現在でも機能しており、維持管理されている。橋の欄干の意匠も軽やかで見応えがある。

▲すでに100歳、でも現役！

親知らず子知らず

親不知《おやしらず》と言えば新潟県南西部にある交通の難所として知られているが、浜街道沿いにも親知らず子知らずと言われる場所があった。それが、志原川や市木川といった川の河口部である。川に橋がかかっていなかった江戸時代、旅人は川の河口を波の引いた瞬間をねらって小走りに渡っていた。晴天の時には穏やかな姿を見せる川と海は、雨天ともなると一転、荒々しく波を打ち上げ、ここで波にさらわれて命を落とす旅人も少なくなかったという。

147 市木の一里塚

緑橋を越えてすぐ小さく盛り上がった塚で、塚の上には「市木一里塚」と書かれた碑が建っている。一里塚跡は道中何カ所かで目にするが、ここほどよく残っている所は珍しい。すぐ隣には、「平成の一里塚」がある。

▲塚の向こうは現在の国道

148 道の駅 パーク七里御浜

参詣道沿道に設置されている道の駅である。レストランからは日本で一番長い砂礫海岸である七里御浜や熊野灘を眺めることができる。「年中みかんのとれるまち」のキャッチフレーズどおり、柑橘類の販売所はもちろん、3階にはみかんジュース工場があり、製造工程の見学もできる。

住 南牟婁郡御浜町阿田和4926-5

☎05979-2-3600

みかんジュース

熊野市から御浜町はみかんの産地。年間をとおして柑橘類が栽培されている。みかんの消費量がこたつの減少に従うように減少している近年、みかんの産地では、地元産みかんを使った商品の開発も盛ん。みかんジュースも多種多様なものが販売されている。

◀濃厚みかんジュース

149 道の駅 紀宝町ウミガメ公園

紀宝町の海岸には5月から8月の深夜、アカウミガメが産卵に来る。この道の駅では物産販売・食事の他に、ウミガメの飼育研究もしている。円形のプールの中で泳ぐウミガメの姿を間近で見たり、ウミガメの勉強、ウミガメグッズの販売もある。道の駅の入口は海側(国道側)にしかないので、立ち寄る場合には注意。

住 南牟婁郡紀宝町井田568-7

☎0735-32-3686

▲泳ぐ姿も愛らしいウミガメ

150 横手延命地蔵

街道沿いにある地蔵である。脇にある湧水は疳《かん》の強い子どもがこの水で手を洗うと疳の虫が出て治るという伝承があり、信仰を集めている。「伊勢に七度、熊野へ三度、横手の地蔵さんにゃ月まゐり」と書かれた絵馬が掲げられており、熊野参詣道との関わりを感じさせる。

151 道引地蔵

横手延命地蔵から少し進んだ右手にある。ここは南西へ向かう参詣道と北西へ向かう地元の道との分岐点で、道引地蔵という名前は西国巡礼へ間違えずみちびくための地蔵という意味だろう。地蔵の頭の左側には「天保二年」という墨書きがある。

▲墨書きの文字が残っていることは珍しい

152 熊野大橋

鵜殿の町中を通らず、井田から山裾をショートカットして成川《なるかわ》へ抜けた熊野参詣道は、熊野川へと出る。江戸時代、ここは船渡しで、番所に住所や姓名を届け出る必要があった。今は、橋が架かっており、歩いて渡ることが出来る。この橋を渡りきれば新宮、熊野三山の一社、熊野速玉大社の鎮座する地である。

▲暮れなずむ熊野川

東国からの旅人

江戸時代、伊勢参宮を終えた旅人がさらに巡礼旅を続けたのは、西国巡礼者として一番札所である那智山青岸渡寺を目指すためだった。もともと西国巡礼は京都を中心に始まった近畿地方の観音霊場をまわる巡礼で、単に「三十三所巡礼」と呼ばれていた。しかし東国からの巡礼者が次第に増加するに従って「三十三所巡礼」は「西国三十三所巡礼」と呼ばれるように変化していく。「西国巡礼」は東国の住民からみた「西国」の意味だったのである。

さらに、伊勢参宮ののち一番札所の那智山青岸渡寺へ向かうという順序が確立していくにつれて、順序に沿って札所を巡ることが重視されるようになっていった。そのため「巡礼」は「順礼」と書かれることが増えていく。こうした変化は室町時代の後半には起こり、江戸時代には定着した。「西国三十三所順礼」という表記が見られるのはそのためである。

世界遺産「熊野参詣道伊勢路」の歴史と価値

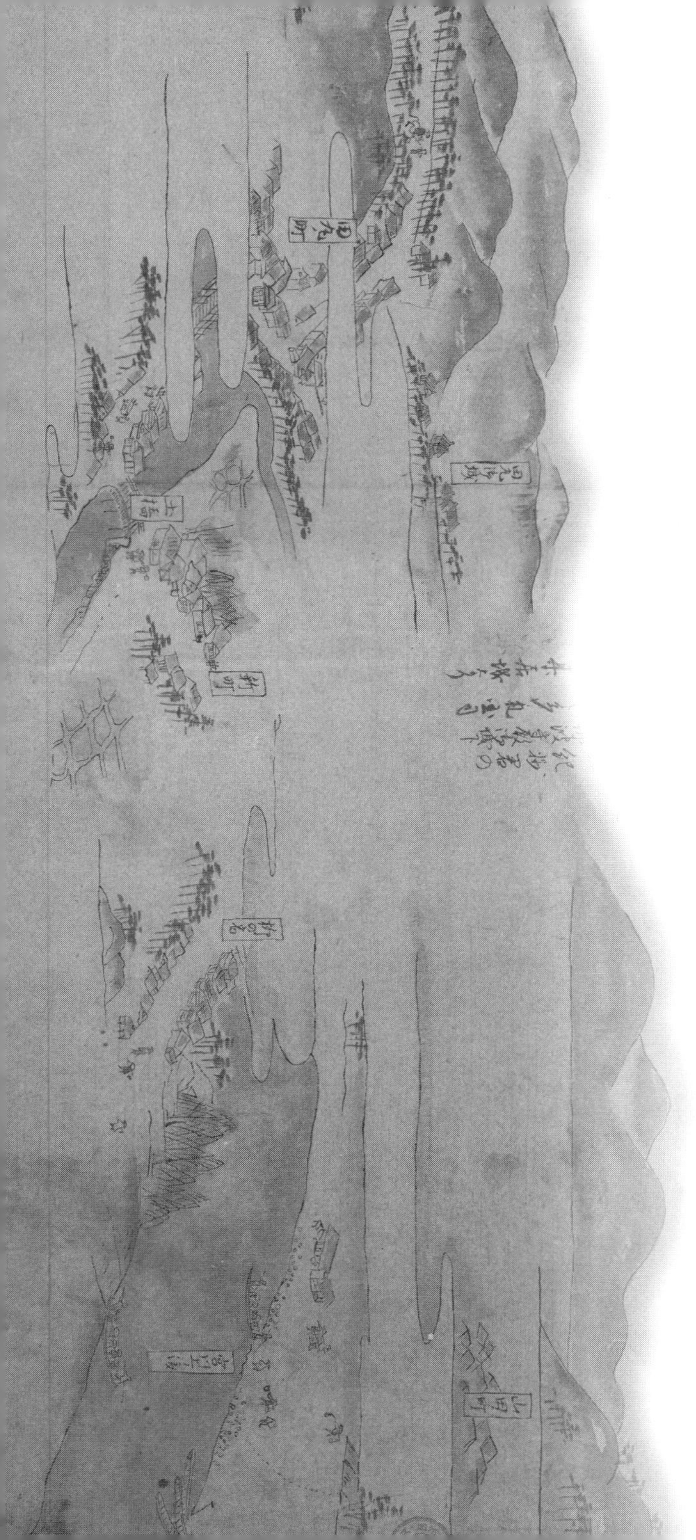

伊勢神宮と熊野三山

伊勢の五十鈴川上流に伊勢神宮が鎮座したのは垂仁天皇の御代とされるが、少なくとも、飛鳥時代からこの地に祀られていたことは間違いない。伊勢神宮はもともと、「私幣禁断」つまり天皇以外のものが祈りを捧げることを禁じられていた場所であった。天皇は、毎年の例祭のほか、災害や旱害、疫病の収束、あるいは反乱の鎮圧などを、幣帛を奉って伊勢神宮に祈願していた。また、未婚の皇女を斎王として伊勢に送り、伊勢神宮に仕えさせていた。伊勢神宮は朝廷と深い関係をもつ、まことに厳重な聖地であった。

一方、紀伊山地に位置する熊野は、平安時代の初めには一種の聖地として見なされるようになっていたようだ。記録の上では、平安時代の初めに書かれた『日本霊異記』のなかに記されている説話が最も古い。この説話はある修行僧が熊野の山中で自らの身を捨てる「捨身行」を行い、亡骸になってもまだ経文を読む声が山のなかで聞こえていた、というものである。もちろん、亡骸になっても経文を読むというのは事実ではないだろうが、遅くとも平安時代の初めには、熊野はそういう特別な修行を行う「霊場」であったことが分かるのである。熊野詣はこうした特別な力を得ようとする修行者達にならって始められたと考えられている。皇族、貴族のなかで最初に熊野に詣でたのは延喜７年(907)の宇多法皇であった。この宇多法皇の参詣に合わせて、本宮や新宮は、重要な霊場として人々に知られるようになっていくのである。

熊野参詣道伊勢路の成立

平安時代以前の伊勢神宮は一般庶民の参拝できるところではなかったが、熊野は早くから庶民を受け入れていた。平安時代には、熊野は貴族庶民、男女を問わずそこに行けば罪がゆるされ極楽往生できると広く知られていたようで、かなりの参詣者がいたことが増基法師の『いほぬし』などの記録からわかる。神仏習合も早くから進み、本宮は阿弥陀仏の西方浄土、新宮は薬師如来の東方瑠璃浄土、那智は観世音菩薩の補陀落浄土にそれぞれ見なされるようになり、いっそう信仰を集めた。

熊野参詣道を実際に旅したもっとも古い記録は、平安時代後半の11世紀、増基法師の記録であろう。増基法師は都から大阪府、和歌山県をとおり、熊野本宮に参詣した後、熊野市にある花の窟をとおり、さらに伊勢へ抜けて京都へ帰っている。この記録から、この時期には伊勢と熊野を結ぶ道が成立していたことは確実である。

平安時代の終わりには西行もまた、熊野から伊勢へ旅をしている。西行は那智から花の窟をとおり、曽根から三木里への船渡しを利用したことが、残されている和歌から推定できる。西行はその後伊勢に草庵を結び、伊勢神宮参拝の感激を歌に詠んだ。旅の記録以外にも、平安時代の終わりまでには熊野は東国に多くの荘園を持っていたことが知られ、東国からの献物が運ばれる道は伊勢をとおっていたことは想像に難くない。

少し時代が下り、鎌倉時代に現在の三重県四日市市に住んでいた土豪の藤原実重は毎年莫大な献物を熊野に施入していたことが知られる。献物の運送には船も用いたようだが、実重自身もたびたび熊野へ参詣していた。

伊勢参宮と熊野詣

平安時代まで「私幣禁断」の場所であった伊勢神宮は、鎌倉時代以降、ひろく武士や庶民の信仰を受け入れていくようになる。先に紹介した藤原実重も熊野だけでなく伊勢も信仰した武士の一人であった。伊勢参宮は、武士から次第に庶民も行うところへと発展していく。

こうしたなかで、伊勢参宮と熊野詣をむすびつける役割を果たしたのが西国三十三所巡礼であった。西国三十三所巡礼は平安時代の終わり頃、僧侶らの修行として始まったようだが、室町時代にはひろく庶民も参加するようになった。同時に西国三十三所巡礼の制度も整っていき、室町時代の半ば15世紀までには現在と同じ順序での巡礼が行われるようになっていった。つまり、熊野那智大社、青岸渡寺が第一番札所として確立するのである。ここに伊勢参宮と熊野詣が、西国三十三所巡礼を媒介として結びつくようになった。伊勢神宮に参拝した後、引き続き西国三十三所巡礼を行うため人々は熊野へ向かったのである。記録によれば、江戸時代後半の享和年間(1801〜1804)、伊勢から熊野へ向かった人は年間３万人に達したという。

江戸時代の熊野参詣道伊勢路の旅

江戸時代の旅人はどのような旅をしていたのか。近江国(今の滋賀県)日野の住人、辻武左衛門が残した道中日記からその旅を追ってみよう。

武左衛門が西国巡礼のため伊勢から熊野へ向かったのは安永2年(1773)、3月11日のことだった。初日は田丸に宿泊、翌日は柳原で千福寺に参拝し、三瀬川を渡し舟で越えた。13日、三瀬坂峠を越え瀧原宮に参拝、板橋のかかる大内山川を何度も渡り、紀伊長島で宿をとった。14日は三浦で鯨漁に使う銛を目撃して驚き、馬瀬から大雨に降られ、相賀に宿泊。15日は馬越峠の岩船地蔵堂に参拝し茶屋の名物「地蔵餅」を目にする。峠の下り道から見た尾鷲の町や海の美しさに感嘆、一気に八鬼山を越え三木里まで歩く。16日は次々と峠を越え、大泊で宿泊。道中ツツジやレンゲ、麦穂を見て、近江よりも季節の進みが早いと感じている。17日は松本峠を越えて木本へ。花の窟を見、長く続く松原に驚く。市木村では浜で地引網を見物して鰯の大漁ぶりを楽しんだ。この日、新宮へ到着している。

1日に歩く距離は平地では30kmを越え、現代と比べればかなりの健脚であり、一方で寺社参拝や土地の暮らしに心躍らせながら歩いているのがよくわかる。

明治時代以降の熊野参詣道伊勢路

明治時代に入り、熊野参詣道伊勢路は大きく姿を変えていくことになった。伊勢神宮は平安時代以前のように庶民が気軽に参拝できる所ではなくなり、廃仏毀釈の影響は千年の神仏習合の歴史を誇った熊野三山にも大きな影響を与えた。明治に入り西国巡礼者は大きく減少した。加えて近代交通の発展は、古代から続く歩き旅による参詣・巡礼を根底から覆すことになった。神戸と横浜を結ぶ汽船は、熊野速玉大社と熊野那智大社の中間に位置する三輪崎の港に、参詣客を直接送り込むことになった。明治32年(1899)、伊勢から志摩半島を回って熊野へ向かった田山花袋は、途中の紀伊長島から汽船で三輪崎まで向かっている。こうして、千年続いた熊野参詣道伊勢路を徒歩で旅する人は急速にその数を減らし、道そのものもいつしか忘れ去られていったのである。

戦後の高度経済成長を経た昭和56年(1981)、三重県教育委員会から一冊の報告書が刊行された。『歴史の道調査報告書Ⅰ熊野街道』は、失われた伊勢と熊野を結ぶかつての街道の調査報告であった。その後、地元のボランティア団体による埋もれた街道の掘り起こしが進められ、平成11年には「熊野古道ウォーク」が開催された。かつての街道を歩く人が戻ってきたのである。そして平成16年(2004)、熊野参詣道伊勢路は『紀伊山地の霊場と参詣道』として世界遺産に登録された。千年を越える巡礼の道は、ここにその価値が世界的に認められるようになったのである。

世界遺産としての価値、巡礼歩き旅の価値

世界遺産登録によって明らかとなった歴史的、文化的価値は、伊勢から熊野への参詣道、巡礼道としての価値であった。明治時代に失われた千年にわたる伝統は、その価値が再発見されたのである。ところが、世界遺産登録後、熊野参詣道伊勢路の魅力は、石畳道や沿道のスギ・ヒノキの美林ばかりが強調されるようになった。これにより多くの人が伊勢路のことを石畳の美しい、木々の芳香ただよう歴史あるただの山道と考えるようになってしまったのである。

しかし、歴史を振り返れば、この道は伊勢から熊野への巡礼者が歩いた道であるということに価値がある。熊野参詣道伊勢路沿いには、かつての旅人が手を合わせた石仏や、人々を導いた道標が数多く残されている。江戸時代に人々が立ち寄った寺社仏閣も当時のままに存続している。峠から眺める風景は、かつての道中案内記が筆を尽くして褒め称えた美しさと何も変わっていない。ただ、そこに巡礼者の姿だけが足りないのだ。

もし、今あなたが、伊勢から熊野まで一人の巡礼者として歩くのであれば、かつての巡礼者が体験したのと同じ感動を味わうことになるだろう。巡礼者と言っても、別に信仰心や宗教心を要求されるわけではない。一度に歩ききれなければ、何回かに分けても構わない。ただ、200kmに及ぶ長い旅路を、決して楽ではないその道を、あなたが歩くことがすなわち「巡礼」なのである。この道を旅するあなたは、世界遺産熊野参詣道伊勢路の価値を体現していると言っていい。この伊勢から熊野までの旅路を踏破すれば、いにしえの巡礼者の感動を感じ取ることが出来るかも知れない。その感動こそが、熊野参詣道伊勢路の持つ世界的価値の核心なのである。

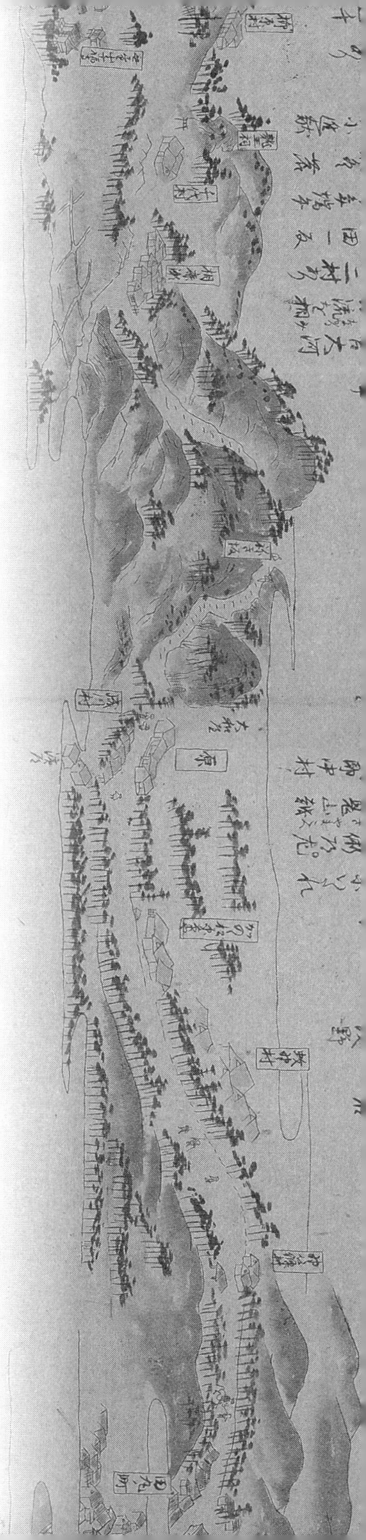

旅支度あれこれ

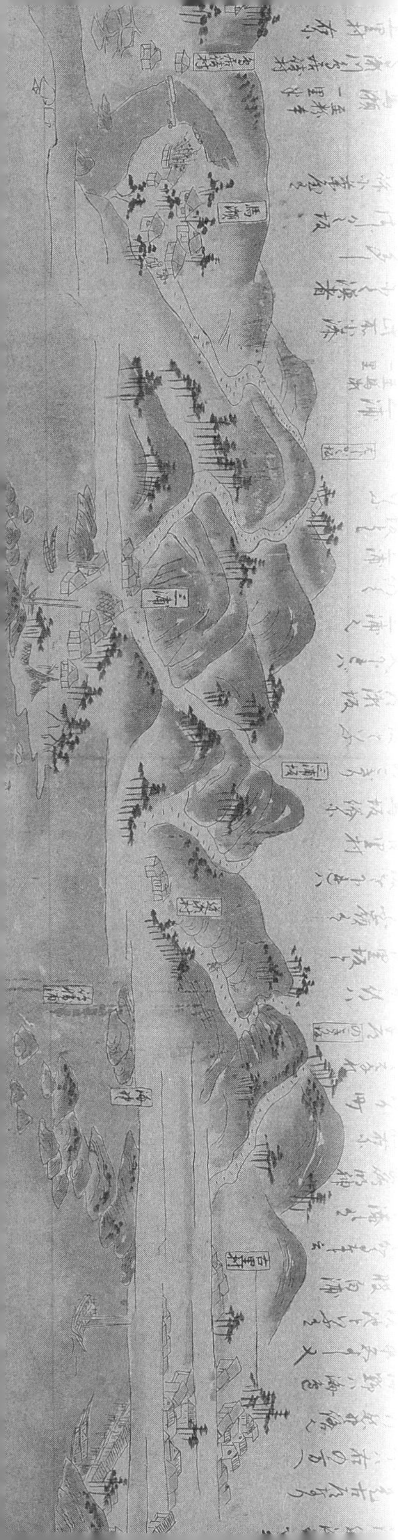

普段、歩くことが少ない私たち現代人にとって、長距離の歩き旅は決して楽なものではない。しかし、これから紹介する準備をきちんとすれば、実現することは可能だ。事前の情報収集と準備を、しっかり行って欲しい。

計画の立て方

伊勢神宮から熊野本宮大社、熊野速玉大社をへて、熊野那智大社まではゆっくりのペースで歩いてもおよそ２週間の行程だ。途中、体調が悪くなったり、天候が不順だったりすれば、日数が伸びることもありうるので、余裕を持った計画を立てたい。

２週間の通し歩きが難しい場合には、何度かに区切って旅を続ける「区切り打ち」も可能だ。区切り打ちの場合、２泊３日の行程を６回程度繰り返せば、伊勢神宮から熊野本宮大社、熊野速玉大社を経て熊野那智大社へたどり着くことができる。

１日にどの程度の距離を歩くかは、それぞれの体力や歩くスピードにもよりけりだが、20kmくらいをひとまずの目安とすれば良いだろう。１日に歩く距離が延びれば、それだけ翌日に疲労も残りやすくなる。現代人は決して歩くことが得意ではないので、無理な計画は避けるようにしよう。また普段余り歩くことになれていない人は、巡礼歩き旅の前にウォーキングをするなど、歩く練習をしてみるのもよいだろう。

なお、熊野参詣道伊勢路の沿道でも、伊勢市から紀伊長島の区間や、熊野市から熊野本宮の区間など、泊まれる宿が少ない区間がある。これらの区間については、まず泊まる宿を考えてから、行程を組み立てるとわかりやすいだろう。

費　用

熊野参詣道伊勢路の道中で必要な費用は、熊野参詣道沿道までの往復旅費と宿泊費、食事代が基本費用で、これ以外に土産物代や通信費が必要となる。また、途中で川船に乗る場合は運賃が必要だ。沿道の宿泊施設は１泊２食付きで6,000円から8,000円。時にはごちそうも食べたいということなら、沿道には料理自慢の宿も多く10,000円からが目安。伊勢市や熊野市、湯の峰温泉などにある高級旅館に泊まれば15,000円から。これらを目安にして費用を用意しよう。沿道の町には銀行や郵便局、コンビニがあり、貯金を下ろすことは可能。ただし、民宿や食堂ではクレジットカードが使えないことも多いので、現金は最低限持ち歩くほうがいい。

(例) 東京出発で、熊野参詣道伊勢路を13泊14日で旅する場合

・東京から伊勢まで　鉄道運賃等	13,000円
・宿泊代	8,000 × 13泊 = 104,000円
・昼食代	1,000 × 14日 = 14,000円
・那智から東京まで　鉄道運賃等	16,000円
・その他(船賃・土産物代・通信費等)	20,000円
合計	167,000円

プランニング例

【伊勢から熊野まで通し歩きをする場合】

1日目　内宮→外宮→田丸　[田丸泊]

2日目　田丸→女鬼峠→無量山千福寺→栃原→三瀬谷　[三瀬谷泊]

3日目　三瀬谷→三瀬峠→瀧原宮→崎　[崎泊]

4日目　崎→荷坂峠→紀伊長島→古里　[古里泊]

5日目　古里→三浦峠→始神峠→相賀→馬越峠→尾鷲　[尾鷲泊]

6日目　尾鷲→八鬼山道→三木里　[三木里泊]

7日目　三木里→三木・羽後峠→曽根次郎坂・太郎坂→二木島→二木島峠道・逢神坂峠道→新鹿　[新鹿泊]

8日目　新鹿→波田須道→大吹峠→大観猪垣道→観音道→松本峠→熊野市　[熊野市泊]

9日目　熊野市→花の窟→横垣峠→風伝峠→通り峠→丸山　[丸山千枚田泊]

10日目　丸山→本宮道→楊枝→熊野川→万歳峠→請川　[請川泊]

11日目　請川→熊野本宮大社→湯の峰温泉　[湯の峰温泉泊]

12日目　湯の峰温泉→請川→万歳峠→熊野川→熊野速玉大社　[新宮泊]

13日目　新宮→王子ヶ浜→高野坂→佐野→補陀洛山寺→那智　[那智泊]

14日目　那智→大門坂→熊野那智大社

【区切り打ちをする場合】

第1回

1日目　内宮→外宮→田丸　[田丸泊]

2日目　田丸→女鬼峠→無量山千福寺→栃原→三瀬谷　[三瀬谷泊]

3日目　三瀬谷→三瀬川→三瀬峠→瀧原宮

第2回

1日目　瀧原宮→崎　[崎泊]

2日目　崎→荷坂峠→紀伊長島→古里　[古里泊]

3日目　古里→三浦峠→始神峠→相賀

第3回

1日目　相賀→馬越峠→尾鷲　[尾鷲泊]

2日目　尾鷲→八鬼山道→三木里　[三木里泊]

3日目　三木里→三木・羽後峠→賀田

第4回

1日目　賀田→曽根次郎坂・太郎坂→二木島→二木島峠道・逢神坂峠道→新鹿　[新鹿泊]

2日目　新鹿→波田須道→大吹峠→大観猪垣道→観音道→松本峠→熊野市（木本）

第5回

1日目　熊野市→花の窟→横垣峠→風伝峠→通り峠→丸山　[丸山泊]

2日目　丸山→本宮道→楊枝→万歳峠→請川　[請川泊]

3日目　請川→熊野本宮大社

第6回

1日目　熊野本宮大社→万歳峠→熊野川→熊野速玉大社　[新宮泊]

2日目　熊野速玉大社→那智勝浦温泉　[勝浦温泉泊]

3日目　勝浦温泉→補陀洛山寺→熊野那智大社

持ち物

熊野参詣道伊勢路は温暖な紀伊半島を北から南へつないでいる。冬でも滅多に雪は降らないうえ、沿道でもっとも標高が高いところでも600m程度。そのため、本格的な登山をするような重装備は必要なく、ハイキング程度の装備で十分だ。また、街道沿いにはコンビニやスーパーもある。紀伊長島や尾鷲、熊野市などの大きな町には,大型スーパーや薬局などもある。必要な品物はいつでも購入できるので、荷物は出来るだけ少なくし、長距離の歩行に備えると良いだろう。

【服装】
服装は季節ごとに、暑さ、寒さをしのげるようなものにしたい。ただ、山道を歩く区間もかなりあるので、夏でも半ズボンは避け、長ズボンにしておく方が良い。基本的に、熊野は温暖で、冬でも雪は降らないので、上着は調整できるようにしておくと便利。雨合羽は、荷物ごと覆えるポンチョタイプのものもオススメ。歩き旅では、荷物を雨に濡らさないようにするのも大事なポイントだ。

[春・秋]帽子、下着、長袖シャツ、長ズボン、ジャンパーのような羽織るもの、汗ふきタオル、雨合羽
[夏]帽子、下着、長袖シャツ、長ズボン、汗ふきタオル、雨合羽
[冬]帽子、下着(長袖のもの)、長袖シャツ、セーター、ダウンジャケット、長ズボン、汗ふきタオル、雨合羽

【靴】
運動靴やトレッキングシューズで十分だが、足首まで覆う登山靴だと山道でも靴の中に小石が入ってこず、快適に歩けるだろう。靴下は厚手のものを履いたほうが靴擦れが起こらなくて良い。

【バッグ】
小型のリュックサック(20～30リットル)で十分足りる。下着類は途中で洗濯することも考えれば良い。両手が使えるようにするのが理想的だ。荷物はできるだけ少なくする方が歩きやすい。

【杖】
金属製の通常の登山用杖は使用しないようにしたい。金属製の杖には先端にゴムのカバーが取り付けられているが、アスファルト道などで使用するとすぐに破れてしまう。ゴムのカバーが破れたままの杖で石畳を歩くと、石畳を傷つける恐れがある。杖は木製の物を使おう。単なる木の棒でよければ、各峠道の登り口にも置かれているのを利用することもできる。また、熊野参詣道の沿線やその周辺にある道の駅では、杖を購入することもできる。1本1,000円程度。特に、荷坂峠から先は急坂が続くので、ぜひとも杖は欲しいところだ。

【薬】
普段あまり歩きなれていない人は、長い距離を歩くことでかなりの疲労を感じる。筋肉痛にもなるので、湿布薬は多めに、また靴擦

れに備えて絆創膏も持っておきたい。また、長期間の旅行になるので、体調を崩す場合もある。どの町にも病院はあるので過度の心配は必要ないが、風邪薬など普段飲み慣れている常備薬があれば持参したい。なお、健康保険証は持って行っておこう。

【食べ物・飲み物】

朝食と夕食は宿で、昼食は歩いている途中で見かける食堂や喫茶店で取ることができる。もちろん、弁当を持ち歩き、景色の綺麗な場所で昼食にすることもできる。食堂は各集落にあり困ることは少ないが、梅ヶ谷からツヅラト峠経由古里の区間や、熊野市から本宮道経由熊野本宮までの区間は利用できる食堂がほとんどないので、この区間は必ず昼食を持参しないといけない。宿泊施設によっては、弁当を準備してくれる所もあるので、たずねると良い。このほか、疲労時に糖分を補給できるおやつ(飴やチョコレート)は必携。水分は1リットル程度を目安として持ち歩こう。

【その他】

ガイドブック、地図、時計、カメラ、携帯電話、充電器などを持ち歩くことになる。急な雨もあるので、電子機器類はビニール袋に入れるなど、防水対策をしっかり行いたい。また、秋から冬には熊の目撃情報が出ることがある。熊よけの鈴をリュックサックに付けておくと安心だ。携帯電話はほとんどの区間で電波を受信できる。

アクセス

<関東方面から>

関東方面からは鉄道、バスが便利だ。鉄道だと、関東から名古屋まで新幹線を利用し、名古屋からはＪＲ線か近鉄電車で伊勢へ入ることになる。バスだと、夜行バスで伊勢に入ることもできる。区切り打ちをして旅を途中から続ける場合は、ＪＲ関西線、紀勢線で前回歩いたところまで戻ることになるが、鉄道の本数は限られている。そのときは、名古屋と松阪から昼行のバスが出ているので、これを利用したい。このほか、関東からは高速夜行バスで直接熊野参詣道沿道へ入ることができる。特に区切り打ちする場合には利用価値が高い。

<関西方面から>

関西方面からは鉄道が便利だ。大阪や京都からだと、近鉄特急を利用すれば、伊勢、松阪へ簡単に入ることができる。区切り打ちをして旅を途中から続ける場合は、ＪＲ紀勢線で前回歩いたところまで戻ることになるが、鉄道の本数は限られている。そのときは、松阪からの昼行バスを利用しよう。このほか、自家用車を利用して前回歩いたところまで戻る方法もある。ただし、この場合は駐車場を確保したうえで、駐車した場所まで必ず戻らなければならないので、鉄道やバスの利用と組み合わせることになる。

近郊からのアクセス図

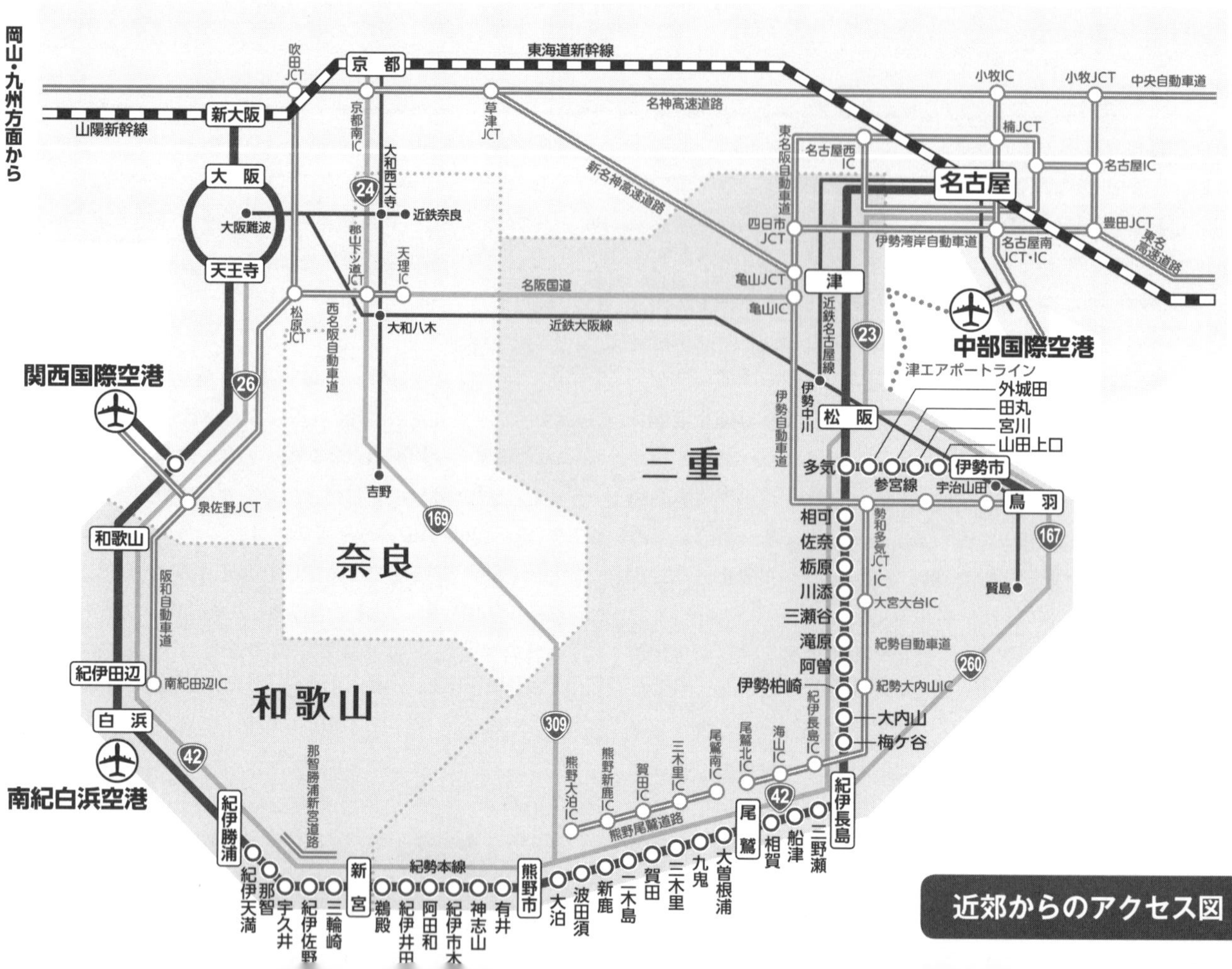
岡山・九州方面から
東京方面から
山陽新幹線
東海道新幹線
新大阪
京都
名古屋
大阪
大阪難波
天王寺
吹田JCT
京都南IC
草津JCT
名神高速道路
新名神高速道路
小牧IC
小牧JCT
中央自動車道
楠JCT
名古屋IC
名古屋西IC
東名阪自動車道
四日市JCT
伊勢湾岸自動車道
名古屋南JCT・IC
豊田JCT
東名高速道路
亀山JCT
亀山IC
津
近鉄名古屋線
中部国際空港
津エアポートライン
外城田
田丸
宮川
山田上口
伊勢市
宇治山田
鳥羽
賢島
参宮線
多気
松阪
伊勢中川
伊勢自動車道
勢和多気JCT・IC
大宮大台IC
紀勢自動車道
紀勢大内山IC
相可
佐奈
栃原
川添
三瀬谷
滝原
阿曽
伊勢柏崎
大内山
梅ケ谷
紀伊長島IC
海山IC
尾鷲北IC
尾鷲南IC
三木里IC
賀田IC
熊野新鹿IC
熊野大泊IC
熊野尾鷲道路
紀伊長島
三野瀬
船津
相賀
尾鷲
大曽根浦
九鬼
三木里
賀田
二木島
新鹿
波田須
大泊
熊野市
有井
神志山
紀伊市木
阿田和
紀伊井田
鵜殿
新宮
三輪崎
紀伊佐野
宇久井
那智
紀伊天満
紀伊勝浦
紀勢本線
那智勝浦新宮道路
白浜
南紀白浜空港
紀伊田辺
南紀田辺IC
阪和自動車道
和歌山
泉佐野JCT
関西国際空港
松原JCT
西名阪自動車道
郡山下ツ道JCT
天理IC
大和西大寺
近鉄奈良
大和八木
近鉄大阪線
名阪国道
吉野
奈良
和歌山
三重
24
26
23
169
309
42
260
167

電車でのアクセス

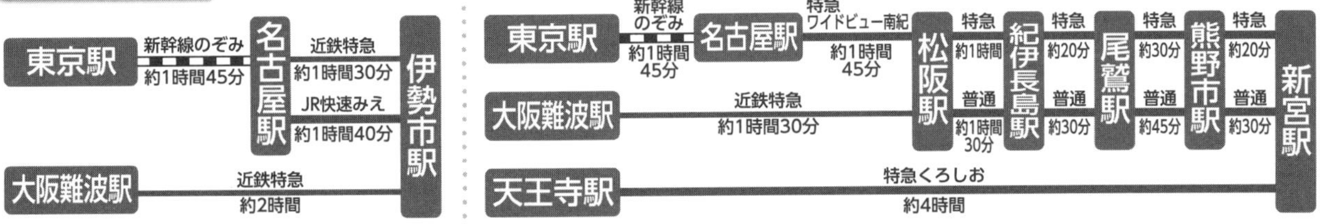
東京駅
新幹線のぞみ
約1時間45分
名古屋駅
近鉄特急
約1時間30分
JR快速みえ
約1時間40分
伊勢市駅
大阪難波駅
近鉄特急
約2時間
東京駅
新幹線のぞみ
約1時間45分
名古屋駅
特急ワイドビュー南紀
約1時間45分
大阪難波駅
近鉄特急
約1時間30分
松阪駅
特急 約1時間
普通 約1時間30分
紀伊長島駅
特急 約20分
普通 約30分
尾鷲駅
特急 約30分
普通 約45分
熊野市駅
特急 約20分
普通 約30分
新宮駅
天王寺駅
特急くろしお
約4時間

バスでのアクセス

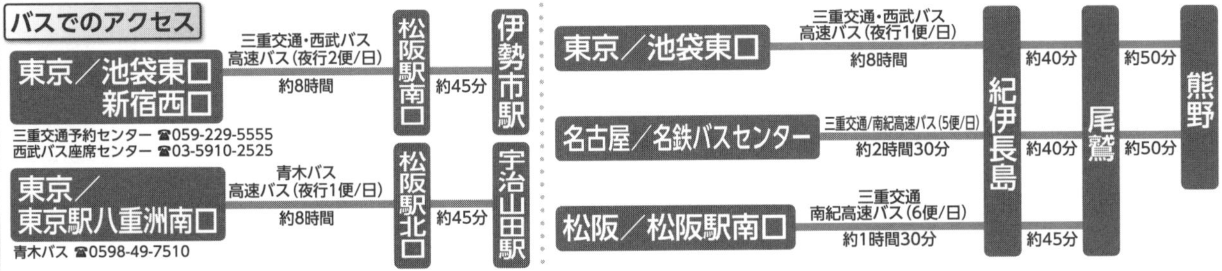
東京／池袋東口 新宿西口
三重交通・西武バス
高速バス（夜行2便/日）
約8時間
松阪駅南口
約45分
伊勢市駅
三重交通予約センター ☎059-229-5555
西武バス座席センター ☎03-5910-2525
東京／東京駅八重洲南口
青木バス
高速バス（夜行1便/日）
約8時間
松阪駅北口
約45分
宇治山田駅
青木バス ☎0598-49-7510
東京／池袋東口
三重交通・西武バス
高速バス（夜行1便/日）
約8時間
名古屋／名鉄バスセンター
三重交通/南紀高速バス（5便/日）
約2時間30分
松阪／松阪駅南口
三重交通
南紀高速バス（6便/日）
約1時間30分
紀伊長島
約40分
約40分
約45分
尾鷲
約50分
約50分
熊野

車でのアクセス

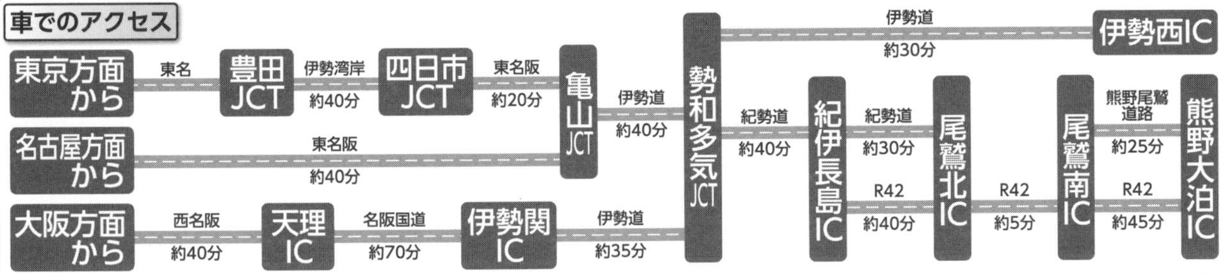
東京方面から
東名
豊田JCT
伊勢湾岸
約40分
四日市JCT
東名阪
約20分
名古屋方面から
東名阪
約40分
亀山JCT
伊勢道
約40分
大阪方面から
西名阪
約40分
天理IC
名阪国道
約70分
伊勢関IC
伊勢道
約35分
勢和多気JCT
伊勢道
約30分
伊勢西IC
紀勢道
約40分
紀伊長島IC
紀勢道
約30分
R42
約40分
尾鷲北IC
R42
約5分
尾鷲南IC
熊野尾鷲道路
約25分
R42
約45分
熊野大泊IC

<そのほかの地域から>

遠方から飛行機で熊野参詣道伊勢路へアクセスする場合は、中部国際空港か関西国際空港を利用するとよい。中部国際空港からは鉄道で名古屋へ出て南へ下る方法と、高速船で津もしくは松阪へ入る方法がある。関西国際空港からは、南海電車を利用して難波に出ると、近鉄電車への乗り換えがスムーズで、伊勢や松阪へ入りやすい。また、熊野那智大社からの帰路は、那智勝浦からJR線の特急に乗れば和歌山を経由して関西国際空港へ戻ることもできる。

歩くときの注意点

巡礼歩き旅の1日

巡礼歩き旅の1日は、朝、宿泊所で目覚めるところから始まる。宿でしっかり朝食をとったあと、出発しよう。季節にもよるが、朝7時から8時頃に出発することを目標にすると、歩ける時間が長くなる。道中、寺社仏閣があれば参拝して朱印が拝受できるか尋ねてみよう。また、道の駅などにはスタンプもある。朱印帳にスタンプを押しながら旅をすれば、巡礼歩き旅の良い記録になるだろう。昼食は町中の食堂で食べることが出来る。食堂の少ない区間ではあらかじめ購入しておいた弁当で空腹を満たそう。峠道にさしかかったら、入口に置いてある木の杖を拝借して上り坂にかかっていく。峠で絶景を楽しんだら慎重に坂道を下っていく。特に下り坂は転びやすいので要注意だ。目的の集落についたら、その日泊まる宿に向かい、宿で疲れを癒やそう。なお、山道だけでなく、たとえアスファルト舗装された道であっても、日没後に歩き続けるのは精神的にかなり苦痛だ。出来るだけ明るい間に目的地に到着するようにしたい。

体調が良くないときには

万一体調が良くないな、と感じたら無理はしないほうが良い。紀伊長島や尾鷲、熊野市以外にも各町には病院があるので、診察を受けるとよい。早めの診療、早めの休息を心がけたい。また、熊野参詣道伊勢路は、山道となる部分を除くと、並行してバス・鉄道が走っている。巡礼歩き旅を途中でやめるのもまた勇気ある決断。歩き旅からの離脱は比較的容易なので、続きは次回歩くことにすることも考えたい。

知って便利！楽しい！

〈宿泊施設・観光案内・行事〉

■沿道宿泊施設

場　所	屋　号	住　所	電　話	食　事	料　金	地図番号
伊勢	麻吉旅館	伊勢市中之町 109	0596-22-4101	1泊2食付	12,000円(税別)～	①
田丸	栄亭旅館	度会郡玉城町田丸 165-15	0596-58-3021	1泊2食付	6,500円(税込)	①
栃原	岡島屋	多気郡大台町新田 26	0598-85-0014	1泊朝食付	5,000円(税込)	③
三瀬谷	旅館　大黒屋	多気郡大台町佐原 646-2	0598-82-1014	1泊2食付	6,500円(税込)	④
三瀬谷	旅館　萬栄	多気郡大台町佐原 648-4	0598-82-1107	1泊2食付	6,000円(税込)	④
滝原	おおみやサイクリングターミナル	度会郡大紀町滝原 1166-1	0598-86-2501	1泊素泊まり	4,500円(税込)	④
伊勢柏崎	紀勢荘	度会郡大紀町崎 276-1	0598-74-1133	1泊2食付	8,640円(税込)～	⑤
紀伊長島	ゆうがく邸	北牟婁郡紀北町紀伊長島区東長島 128	0597-47-2116	1泊素泊まり	5,500円(税別)	⑥
有久寺	有久寺温泉	北牟婁郡紀北町有久寺	0597-47-2661	1泊2食付	10,000円(税別)～	⑥
古里	紀伊の松島	北牟婁郡紀北町紀伊長島区古里 1057	0597-49-3048	1泊2食付	7,000円(税別)～	⑦
古里	はま風	北牟婁郡紀北町紀伊長島区古里 1077-1	0597-49-3436	1泊2食付	7,000円(税別)～	⑦
古里	美乃島	北牟婁郡紀北町紀伊長島区古里 1125	0597-49-3630	1泊2食付	8,000円(税別)～	⑦
古里	桃太郎	北牟婁郡紀北町紀伊長島区古里 1133	0597-49-3217	1泊2食付	7,000円(税別)～	⑦
道瀬	むつみ旅館	北牟婁郡紀北町紀伊長島区道瀬 219-3	0597-49-3030	1泊2食付	6,000円(税別)～	⑦
道瀬	大谷民宿	北牟婁郡紀北町紀伊長島区道瀬 147-2	0597-49-3054	1泊2食付	7,000円(税別)～	⑦
道瀬	民宿　あづま	北牟婁郡紀北町紀伊長島区道瀬 83-2	0597-49-3122	1泊2食付	7,000円(税別)～	⑦
三浦	割烹の宿　美鈴	北牟婁郡紀北町紀伊長島区三浦 297-4	0597-49-3031	1泊2食付	15,000円(税別)～	⑦
相賀	ビジネスホテル新	北牟婁郡紀北町海山区小山浦 28-12	0597-32-0118	1泊素泊まり	シングル4,800円　ツイン7,500円(税込)	⑧
尾鷲	アルベルゲ山帰来	尾鷲市馬越町 1509-49	0597-22-3597	1泊素泊まり	4,000円(税込)	⑧
尾鷲	コテージ・ウッドペック	尾鷲市馬越町 4538-7	0597-25-2078	1泊素泊まり	5,000円(税込)～	⑧
尾鷲	ホテル ビオラ	尾鷲市北浦町 1-4	0597-22-1110	1泊朝食付	7,280円(税込)～	⑧
尾鷲	シティホテル　望月	尾鷲市坂場町 5-3	0597-22-0040	1泊朝食付	6,000円(税込)	⑧
尾鷲	ビジネスホテル　フェニックス	尾鷲市栄町 5-25	0597-22-8111	1泊朝食付	5,900円(税込)～	⑧
三木里	民宿　嬉志乃	尾鷲市三木里町 312-16	0597-28-2160	1泊2食付	7,000円(税込)～	⑨
三木里	民宿　油屋	尾鷲市三木里町 332	0597-28-2040	1泊2食付	6,500円(税込)	⑨
賀田・曽根	まさはる屋	尾鷲市賀田町 1580	0597-27-2223	1泊2食付	7,500円(税込)	⑩
賀田・曽根	幸（さち）民宿	尾鷲市曽根町 840-9	0597-27-2401	1泊2食付	7,000円(税込)	⑩
賀田・曽根	尾鷲シーサイドビュー	尾鷲市曽根町 620	0597-27-2200	1泊2食付	12,900円(税込)～	⑩
新鹿	美砂荘	熊野市新鹿町 618	0597-86-0130	1泊2食付	6,825円(税込)	⑩
新鹿	かめや	熊野市新鹿町 1199-1	0597-86-0117	1泊2食付	7,500円(税込)	⑩
大泊	桐本	熊野市大泊町 39-4	0597-85-3530	1泊素泊まり	3,000円(税込)	⑪

場　所	屋　　号	住　　所	電　話	食　事	料　金	地図番号
大泊	ホテル なみ	熊野市大泊町 772-1	0597-88-1800	1泊2食付	8,300円(税込)～	⑪
熊野市	ビジネスホテル平谷	熊野市井戸町 743-5	0597-89-3020	1泊朝食付	5,250円(税込)	⑪
熊野市	みはらし亭	熊野市井戸町 555-4	0597-89-1211	1泊2食付	6,350円(税込)～	⑪
熊野市	ビジネスホテル河上	熊野市井戸町 446-15	0597-85-4000	1泊朝食付	6,800円(税込)～	⑪
熊野市	ユースホステル熊野市青年の家	熊野市有馬町 2-13	0597-89-0800	1泊素泊まり	2,280円(税込)	⑪
熊野市	里創人 熊野倶楽部	熊野市久生屋町 1430	0597-88-2045	1泊2食付	15,810円(税込)～	⑫
七里御浜	旅の宿　はるさめ	熊野市久生屋町 748-1	0597-85-2627	1泊素泊まり	5,700円(税込)	⑫
七里御浜	ビジネスホテル七里ヶ浜	熊野市有馬町 5070	0597-89-1711	1泊2食付	7,000円(税別)	⑫
丸山	千枚田荘	熊野市紀和町丸山 255	0597-97-0680	1泊2食付	9,500円(税込)～	⑬
小川口	入鹿温泉ホテル　瀞流荘	熊野市紀和町小川口 158	0597-97-1180	1泊2食付	9,800円(税込)～	⑬
小口	小口自然の家	和歌山県新宮市熊野川町上長井 398	0735-45-2434	1泊2食付	8,000円(税込)	⑭
小口	百福	和歌山県新宮市熊野川町西 224	0735-45-2016	1泊2食付	7,500円(税込)	⑭
請川	古道の宿　中華れいめい	和歌山県田辺市本宮町請川 302	0735-42-0165	1泊素泊まり	4,900円(税込)	⑮
本宮	くまのバックパッカーズ	和歌山県田辺市本宮町本宮 159-1	0735-42-0220	1泊素泊まり	3,500円(税込)	⑮
本宮	山水月（やまみづき）	和歌山県田辺市本宮町本宮 436-1	0735-42-1833	1泊2食付	7,350円(税込)～	⑮
本宮	蒼空げすとはうす	和歌山県田辺市本宮町本宮 1526	0735-42-0800	1泊朝食付	6,000円(税込)～	⑮
湯の峰温泉	旅館あづまや	和歌山県田辺市本宮町湯の峰 122	0735-42-0012	1泊2食付	16,350円(税込)～	⑮
湯の峰温泉	温泉民宿あづまや荘	和歌山県田辺市本宮町湯の峰	0735-42-0238	1泊2食付	8,790円(税込)～	⑮
湯の峰温泉	湯の峯荘	和歌山県田辺市本宮町下湯川 437	0735-42-1111	1泊2食付	14,190円(税込)～	⑮
新宮	新宮ユーアイホテル	和歌山県新宮市井の沢 3-12	0735-22-6611	1泊朝食付	7,580円(税込)～	⑰
新宮	サンシャインホテル	和歌山県新宮市井の沢 9-13	0735-23-2580	1泊朝食付	5,000円(税込)	⑰
新宮	長谷旅館	和歌山県新宮市伊佐田町 2-1-7	0735-22-2185	1泊2食付	6,000円(税別)～	⑰
新宮	ホテル光洋イン	和歌山県新宮市徐福 1-8-20	0735-22-2653	1泊素泊まり	4,000円(税込)～	⑰
新宮	ビジネスホテル美郷	和歌山県新宮市徐福 2-1-8	0735-21-2211	1泊素泊まり	4,700円(税込)～	⑰
新宮	ステーションホテル新宮	和歌山県新宮市徐福 2-1-31	0735-21-2200	1泊朝食付	5,200円(税込)～	⑰
三輪崎	港	和歌山県新宮市三輪崎 3006	0735-31-8885	1泊2食付	6,480円(税込)	⑰
三輪崎	ペンション暖炉	和歌山県新宮市三輪崎 845-1	0735-31-3097	1泊素泊まり	2,900円(税込)	⑰
宇久井	大倉民宿	東牟婁郡那智勝浦町大字宇久井 1117	0735-54-0350	1泊2食付	6,500円(税込)	⑰
那智	民宿那智	和歌山県東牟婁郡那智勝浦町浜の宮 244-1	0735-52-5297	1泊素泊まり	3,000円(税込)	⑱
那智山	美滝荘	和歌山県東牟婁郡那智勝浦町那智山 545-1	0735-55-0745	1泊2食付	8,800円(税込)～	⑱

平成26年8月現在

■観光情報を収集できる施設

名　称	住　所	電話番号	地図番号
宇治山田駅観光案内所	伊勢市岩渕 2-1-43	0596-23-9655	①
伊勢市駅観光案内所	伊勢市吹上 1-1-4	0596-65-6091	①
宇治浦田観光案内所	伊勢市宇治浦田 1-10-25	0596-23-3033	①
外宮前観光案内所	伊勢市本町 14-6	0596-23-3323	①
道の駅 奥伊勢おおだい	多気郡大台町佐原 663-1	0598-84-1010	④
道の駅 木つつ木館	度会郡大紀町滝原 870-37	0598-86-3229	④
エコミュージアムセンター　宮川流域交流館　たいき	度会郡大紀町阿曽 429	0598-86-3851	④
山海の郷紀勢	度会郡大紀町崎 2154-1	0598-74-0323	⑤
道の駅 紀伊長島マンボウ	北牟婁郡紀北町紀伊長島区東長島 2410-73	0597-47-5444	⑥
紀北町観光サービスセンター		0597-46-3555	
道の駅 海山	北牟婁郡紀北町海山区相賀 1439-3	0597-32-1661	⑧
尾鷲観光案内所	尾鷲市中井町 12-14	0597-23-8261	⑧
三重県立熊野古道センター	尾鷲市向井 12-4	0597-25-2666	⑧
夢古道おわせ		0597-22-1124	
鬼ヶ城センター	熊野市木本町 1835-7	0597-89-1502	⑪
紀南ツアーデザインセンター	熊野市木本町 517-1	0597-85-2001	⑪
熊野古道おもてなし館	熊野市木本町 204	0597-70-1231	⑪
熊野市観光公社	熊野市井戸町 653-12	0597-89-2229	⑪
熊野市駅前特産品館	熊野市井戸町 656-3	0597-89-6018	⑪
お綱茶屋	熊野市有馬町 137	0597-88-1011	⑪
さぎりの里	南牟婁郡御浜町上野 616-2	05979-4-1414	⑬
世界遺産熊野本宮館	和歌山県田辺市本宮町本宮 100-1	0735-42-0751	⑮
熊野本宮観光協会		0735-42-0735	
道の駅 瀞峡街道熊野川 ※	和歌山県新宮市熊野川町田長 47	0735-44-0356	⑯
新宮市観光協会	和歌山県新宮市徐福 2-1-1	0735-22-2840	⑰
道の駅 なち	和歌山県東牟婁郡那智勝浦町浜ノ宮 361-2	0735-52-9201	⑱
熊野那智世界遺産情報センター			
道の駅 パーク七里御浜	南牟婁郡御浜町阿田和 4926-5	05979-2-3600	⑲
道の駅 紀宝町ウミガメ公園	南牟婁郡紀宝町井田 568-7	0735-32-3686	⑳

※道の駅瀞峡街道熊野川は水害のため、一部物販とトイレのみ利用可能。

周辺のお祭り、イベント一覧

開催日	祭・行事名	開催地	関連ガイド番号
1月7日	八咫烏神事	田辺市・熊野本宮大社	114
1月8日	湯峰八日薬師祭	田辺市・東光寺	118
1月10日	産田神社大祭	熊野市・産田神社	96
1月中旬	船だんじり	紀北町・長島神社	44
2月1日～5日	尾鷲ヤーヤ祭り	尾鷲市・尾鷲神社	65
2月2日	お綱かけ神事	熊野市・花の窟神社	93
2月6日	神倉神社　お燈祭	新宮市・神倉神社	125
2月中旬	柳原観音二月大祭	大台町・千福寺	21
3月18日	楊枝薬師まつり	熊野市・楊枝薬師堂	108
4月13～15日	熊野本宮大社例大祭	田辺市・熊野本宮大社	114
7月第1土曜日	きほく七夕物語	紀北町海山区相賀	
7月上旬	丸山千枚田の虫送り	熊野市丸山	104
7月9日	御滝注連縄張替式	那智勝浦町・熊野那智大社	143
7月14日	那智の火祭	那智勝浦町・熊野那智大社	141
7月14日	熊野速玉大社　扇立祭	新宮市・熊野速玉大社	123
7月下旬土曜日	きほく灯籠祭	紀北町紀伊長島区	
8月第1土曜日	紀和の火祭り	熊野市小川口	
8月9日	井田観音盆踊り（ほうき踊り）	紀宝町・井田観音	
8月15日	新鹿観光追善花火大会	熊野市新鹿	
8月17日	熊野大花火大会	熊野市七里御浜	91
10月2日	お綱かけ神事	熊野市・花の窟神社	93
10月15・16日	熊野速玉大社　例大祭・御船祭	新宮市・熊野速玉大社	123
12月27日	御滝注連縄張替式	那智勝浦町・熊野那智大社	143

索　引

MEMO

あとがき

2011年9月、紀伊半島大水害が起こった。当時、三重県の教育委員会で、世界遺産保護の担当だった私は、被害に遭った熊野参詣道伊勢路の復旧とともに、今後どうすればこの巡礼道を守り続けていけるのかと思い悩んでいた。私はヒントを求め「サンティアゴ・デ・コンポステーラの巡礼路」のあるスペインへ渡った。そこでは多くの巡礼者が聖地へ向けて歩き旅をする様子を目の当たりにした。私自身もおよそ120キロを歩いて聖地へたどり着いたとき、強烈な感動を体験した。その日は、まさに紀伊半島大水害から1年になる日だった。そうか、熊野参詣道伊勢路の素晴らしさは、伊勢から熊野まで踏破することによって体感できる。歩き旅が復活すれば、それにより世界遺産「熊野参詣道伊勢路」も守ることが出来るのだと、私のなかで一つの確信が生まれた。

帰国後、すぐさま「伊勢から熊野へ聖地巡礼歩き旅復活プロジェクト」を計画し、友人、知人に声をかけた。2012年の晩秋、伊勢神宮を6人で出発した「伊勢から熊野へ聖地巡礼歩き旅復活プロジェクト」歩き旅調査は、仲間を増やしながらまる2年かけて熊野三山までの道のりを完全踏破した。そして、その成果にもとづき詳細な地図とともに道中の名所・旧跡を案内するガイドブックを上梓することが出来た。

歩き旅調査には以下の方々が参加してくださった。奥田紘三、奥田眞利子、幸崎夏子、近藤典子（Noriko Ourso)、米盛（佐藤）明美、竹内英昭、井西祥次郎、井西貴子、稲波まり子、大石亜美、竹田憲治、堀正典、丸山香代、武藤敏正、広瀬雅信、奥村隆志、坂口修司、鈴木一司、中田奈緒子、中村千恵、宮原佑治、畑中一宝、梅原陽向、梅原康暢、佐原立人、蘇文淑、西尾信廣、味噌井拓志、山口朝、山﨑るみ、渡辺慶、杉本裕一（調査参加順→五十音順、敬称略）。また、ガイドブックの内容については、榎村寛之氏、竹内英昭氏、竹田憲治氏、田坂仁氏から有益なご教示を賜った。以上の皆様とご支援下さったすべての皆様に厚くお礼申し上げたい。

また、家族にも感謝したい。父・伊藤宣機、母・千鶴子、兄・久樹、義姉・理恵の有形無形の支えがなければここまでたどり着くことは出来なかった。この場を借りて、心から感謝したいと思う。

最後に、素晴らしい地図を作ってくださった武揚堂の岡本さん、版元のサンライズ出版岩根治美さんには心から感謝申し上げたい。岩根さんには真夏の最も過酷だった歩き旅調査に参加していただき、若輩で本作りのイロハも知らない私に最後まで根気強く何度も修正におつきあいくださった。岩根さんがいなければこの本は世に出なかった。

この本を手に熊野参詣道伊勢路を歩くあなたの姿は間違いなく世界遺産の一部となるだろう。そして、聖地熊野三山にたどり着いたとき、遙か昔の旅人と同じく大いなる感動に包まれるに違いないない。あなたの旅が素晴らしいものとなることを心から祈りつつ。

2015年春

伊藤　文彦

著者略歴

伊藤　文彦（いとう　ふみひこ）

1976年大阪生まれ。大阪大学文学部卒。学生時代はバックパッカーとして世界を巡る。2006年から三重県教育委員会文化財保護技師。2010～2012年世界遺産「紀伊山地の霊場と参詣道」の保護を担当、紀伊半島大水害からの復旧等に取り組む。2012年から「伊勢から熊野へ聖地巡礼歩き旅復活プロジェクト」を主宰、伊勢神宮から熊野三山まで熊野参詣道伊勢路を完全踏破し、講演会等で巡礼歩き旅の復活を訴える。2014年から筑波大学大学院世界遺産専攻在学中。三重県立斎宮歴史博物館勤務。好きな文化遺産は「ストーンヘンジ」「シルクロード」「和食」。

熊野古道伊勢路を歩く　―熊野参詣道伊勢路巡礼―

2015年6月20日　初版　第1刷発行

著　者　伊藤　文彦
発行者　岩根　順子
発行所　サンライズ出版株式会社
〒522-0004　滋賀県彦根市鳥居本町655-1
電話0749-22-0627　FAX 0749-23-7720
印　刷　P-NET信州

ISBN978-4-88325-569-6 C0026